Himanshu Monga
Monika Rani
Deepti Monga

Técnica de otimização - Programação de tarefas

Himanshu Monga
Monika Rani
Deepti Monga

Técnica de otimização - Programação de tarefas

ScienciaScripts

Imprint
Any brand names and product names mentioned in this book are subject to trademark, brand or patent protection and are trademarks or registered trademarks of their respective holders. The use of brand names, product names, common names, trade names, product descriptions etc. even without a particular marking in this work is in no way to be construed to mean that such names may be regarded as unrestricted in respect of trademark and brand protection legislation and could thus be used by anyone.

Cover image: www.ingimage.com

This book is a translation from the original published under ISBN 978-620-2-30730-7.

Publisher:
Sciencia Scripts
is a trademark of
Dodo Books Indian Ocean Ltd. and OmniScriptum S.R.L publishing group

120 High Road, East Finchley, London, N2 9ED, United Kingdom
Str. Armeneasca 28/1, office 1, Chisinau MD-2012, Republic of Moldova, Europe
Printed at: see last page
ISBN: 978-620-8-25536-7

ÍNDICE DE CONTEÚDOS:

RESUMO

A programação pode ser definida como uma técnica utilizada para atribuir um trabalho específico a um recurso específico. A tarefa ou o trabalho específico podem ser expressos como elementos de cálculo virtuais, como threads ou fluxos de dados, e estes trabalhos são atribuídos aos equipamentos de hardware, como processadores ou placas de expansão, a fim de completar a tarefa. Normalmente, o principal objetivo da técnica de programação de tarefas é a troca de tarefas entre diferentes processadores; por outro lado, a redução do tempo total de processamento é também um domínio a ter em conta. Na programação do tipo grelha, há que ter em conta dois aspectos: a programação de tarefas e a programação de recursos. Em primeiro lugar, na programação de tarefas, é necessário determinar o recurso adequado que pode ser afetado a uma tarefa específica. Assim, é necessário determinar o processador ideal para que o trabalho específico lhe possa ser atribuído.

Tendo em conta este objetivo, este trabalho centrou-se na avaliação de uma técnica que possa resolver o problema da atribuição das tarefas de forma a reduzir o tempo médio de resposta. Por conseguinte, foi proposta uma técnica que consiste numa combinação de algoritmos de otimização, tais como o algoritmo genético e a transição de estados. A combinação destas técnicas permite encontrar a solução óptima, uma vez que a técnica de otimização trabalha continuamente para encontrar a solução aleatória para um determinado problema. Nas técnicas existentes, foi utilizado o critério de distribuição ou a combinação de diferentes técnicas para obter um tempo de resposta mínimo na conclusão dos trabalhos, mas este método não tem um bom desempenho em situações de carga variável. Assim, o conceito de otimização foi introduzido neste trabalho, onde a solução óptima é encontrada ou continua o processo até que o valor máximo de aptidão não seja alcançado.

No método proposto, o GA-ST é aplicado sobre o número de processos, independentemente do seu tamanho e prioridade. Assim, o agendamento é efectuado sem ter em conta os seus tipos e tem um desempenho adequado. O desempenho das técnicas proposta e tradicional é comparado com diferentes cargas de trabalho. O principal objetivo deste estudo é maximizar a eficiência do sistema com a descoberta de um cenário de funcionamento eficiente que possa lidar com a carga com um tempo de resposta eficaz. Os resultados experimentais são efectuados utilizando o software MATLAB com diferentes tempos médios de chegada, ou seja, 24, 26 e 28. A análise confirma que a técnica de agendamento proposta supera os outros algoritmos de agendamento tradicionais e tem um desempenho competente em cargas de trabalho variáveis.

CAPÍTULO 1
INTRODUÇÃO

1.1 Programação

Pode ser definida como uma técnica utilizada para atribuir um trabalho específico a um recurso específico. A tarefa ou trabalho específico pode ser expresso em elementos de cálculo virtuais, como threads ou fluxos de dados, e estes trabalhos são atribuídos aos equipamentos de hardware, como processadores ou placas de expansão, a fim de completar a tarefa.

O termo programador também pode ser descrito como um hardware que efectua tarefas de programação. As vantagens associadas aos programadores são: ajuda a manter todos os recursos da unidade de computador ocupados. Também ajuda a criar um ambiente multi-utilizador, de modo a que mais do que um utilizador partilhe os recursos do sistema em simultâneo [1]. Ajuda também a manter a elevada QoS do sistema. O agendamento utiliza o conceito de cálculo para a atribuição de tarefas e é também uma parte do software do sistema informático que ajuda a aumentar a eficiência do computador. A ideia subjacente ao escalonamento consiste em realizar vários trabalhos em simultâneo utilizando apenas uma unidade de processamento.

Há mais do que um objetivo associado ao agendador, que são os seguintes

- **Aumentar o *rendimento***: O rendimento pode ser definido como a taxa de conclusão do trabalho.
- **Redução da *resposta:*** é definida como o tempo decorrido entre o início do trabalho e a obtenção do primeiro resultado
- **Reduzir *a latência***: a latência é definida como o atraso na conclusão do trabalho.
- **Aumentar *a equidade:*** a equidade é aqui descrita como o período de tempo idêntico que deve ser atribuído a cada tarefa.

Geralmente, estes parâmetros estão em contradição entre si, tal como o débito está em contradição com a latência. Por conseguinte, é necessário equilibrar ambos os parâmetros. Com base nos requisitos do utilizador, um parâmetro será preferido.

Ao implementar o programador em aplicações em tempo real, como o controlo robótico, é necessário garantir que a tarefa seja concluída num determinado período de tempo. É também obrigatório tornar o sistema estável. Para o hardware remoto, o programador pode ser implementado e pode ser monitorizado através de uma localização distante.

1.2 Terminologia de programação

- **Hora de libertação (data):** É definida como uma hora de início em que uma tarefa é iniciada.

- **Tempo de processamento:** é definido como o intervalo de tempo necessário para completar o processamento.

- **Hora de início:** é definida como o momento real em que uma tarefa é iniciada.

- **Hora de conclusão:** é definida como o momento em que o processamento termina.

- **Tempo de execução previsto:** É definido como o período de tempo previsto para concluir a tarefa.

1.3 Tipos de agendadores do sistema operativo

O programador pode ser explicado como um módulo do sistema que ajuda a selecionar a próxima tarefa a ser atribuída ao sistema informático. O programador pode ser dividido em três tipos: *programador de longo prazo, programador de médio prazo, programador de médio prazo* e *programador de curto prazo [2]*. A partir do nome dos diferentes tipos de programadores, o seu funcionamento pode ser descrito.

1.3.1 Programador de processos

Este tipo de agendador é utilizado para tomar a decisão sobre qual o processo que precisa de ser atribuído ao hardware em diferentes momentos. O programador de processos pode ajudar a parar a tarefa em curso; também pode mover a tarefa de volta para a linha de processamento e também iniciar a nova tarefa. Este tipo de programador é também designado por *programador preemptivo.*

1.3.2 Programação a longo prazo

Este tipo de programador é também designado por *programador de admissão*. Toma decisões sobre o tipo de trabalho que será atribuído à fila que está pronta para ser processada ou executada. Sempre que uma tarefa começa a ser executada, o controlo da tarefa atualmente em execução é sancionado ou adiado com a ajuda do programador de longo prazo. Por conseguinte, o programador decide qual a tarefa a executar e em que momento, bem como o número de tarefas que pode executar em simultâneo. Este tipo de programador também ajuda a decidir o número de tarefas a processar num ambiente de multiprogramação.

De um modo geral, os processos podem ser classificados como vinculados à entrada/saída e vinculados à unidade central de processamento. Uma tarefa ligada à entrada-saída pode ser definida como as tarefas que estão mais envolvidas nas unidades de E/S. Por outro lado, o processo vinculado à unidade central de processamento está menos envolvido nas unidades de E/S e mais envolvido no processo de cálculo. Por conseguinte, é necessário que o programador de longo prazo selecione eficazmente a mistura destes dois tipos de processos. Se o programador selecionar todos os processos que estão ligados à entrada/saída, o resultado será uma fila de espera vazia e o programador de curto prazo ficará inativo. Em contrapartida, se o programador selecionar todos os processos que estão ligados à CPU, o resultado será uma fila de E/S quase vazia e, por conseguinte, a utilização eficaz dos dispositivos não ocorrerá. É por esta razão que se seleciona a mistura de dois tipos de processos para que o sistema funcione eficientemente. Nos sistemas operativos recentemente desenvolvidos, é obrigatório garantir que, nas aplicações em tempo real, a unidade central de processamento disponha de tempo suficiente para concluir a operação.

A técnica de programação a longo prazo tem de ser implementada em aplicações de grande escala, como em sistemas de processamento em lote, grupos de computadores e supercomputadores. Por exemplo, nos sistemas em que várias tarefas estão a ser executadas em simultâneo, o agendamento simultâneo de tarefas inter-relacionadas é obrigatório para eliminar o bloqueio de tarefas devido à criação de uma grande fila de espera.

Nestas situações, é necessário um programador de tarefas específico para realizar a tarefa em causa.

Além disso, também ajuda na programação da admissão.

1.3.3 Programação a médio prazo

O *programador de médio prazo* retira o processo em execução da memória primária e aloca-o no disco rígido ou retira o processo da memória secundária e coloca-o na memória primária. É geralmente conhecido como processo "swapping out" ou processo "swapping in". Este tipo de programador retira geralmente o processo que está em estado de não processamento durante um determinado período de tempo, ou um processo com menor prioridade, ou um processo que adquiriu uma grande unidade de memória, de modo a obter a memória livre para executar vários outros processos. Ajuda na troca de

os processos entre a memória primária e secundária. O processo é transferido da memória secundária para a principal quando a memória principal está inativa ou é transferido da memória principal para a secundária quando o sistema fica bloqueado. [3]

Em muitos sistemas actuais (aqueles que suportam o mapeamento do espaço de endereçamento virtual para armazenamento secundário que não seja o ficheiro swap), o programador de médio prazo pode de facto desempenhar o papel do programador de longo prazo, tratando os binários como "processos trocados" durante a sua execução. Desta forma, quando um segmento do binário é necessário, ele pode ser trocado a pedido, ou "lazy loaded".

1.3.4 Programação a curto prazo

Este tipo de programador é também designado por programador *da CPU*. Este programador toma uma decisão sobre qual dos processos deve ser atribuído à unidade central de processamento e esta decisão é tomada após uma interrupção criada pelos dispositivos de entrada-saída, uma interrupção criada pelo relógio, etc. Por conseguinte, o tempo exigido por estes tipos de programadores é superior ao dos programadores de longo prazo e dos programadores de médio prazo. No programador de curto prazo, a decisão relativa à programação de uma tarefa deve ser tomada após um intervalo de tempo específico e o intervalo de tempo deve ser muito curto. Este tipo de programador também pode funcionar como programador preemptivo, uma vez que este tipo de programador é capaz de remover a tarefa em execução da unidade de processamento para que a CPU possa ser atribuída a outra tarefa. E pode funcionar como programador não preemptivo, o que significa que não pode retirar a tarefa em execução da CPU.

O temporizador programável é necessário para o tipo de agendador preemptivo que pode iniciar uma rotina de tratamento de interrupções.

1.3.5 Despachante

Para além de todos os programadores acima mencionados, existe um equipamento que também ajuda na técnica de programação e este equipamento é conhecido como expedidor. O distribuidor ajuda a deslocar a tarefa selecionada pelo programador de curto prazo para a unidade central de processamento. O controlo do processo selecionado é a consequência de qualquer rotina de interrupção. O distribuidor efectua as seguintes operações

- Troca de contexto: neste caso, o expedidor é utilizado para guardar o estado do processo em execução anterior e, em seguida, o expedidor adquire o estado inicial ou o estado guardado anteriormente de outro processo.

  Passagem para o modo definido pelo utilizador.

  Deslocar-se para a posição exacta no programa definido pelo utilizador, de modo a recomeçar o programa de acordo com o novo estado.

A operação do expedidor deve ser rápida, uma vez que é iniciada quando ocorre a troca de processos. Quando ocorre a troca de processos, a CPU fica em estado de inatividade durante uma pequena unidade de tempo. Por conseguinte, as trocas de processos que não são necessárias devem ser evitadas.

1.4 Programação em sistemas

1) Escalonamento no sistema operativo versus escalonamento na grelha

Geralmente, o agendamento é feito pelo sistema operativo, mas aqui temos mais um tipo de agendamento, que é o Grid Scheduling. Normalmente, todas as aplicações do sistema operativo podem interagir com o utilizador. O algoritmo de programação no sistema operativo é normalmente implementado ao nível das instruções. O escalonamento ajuda a realizar a mistura de dois tipos de operações: as tarefas baseadas na entrada e saída e as tarefas baseadas na CPU. O principal objetivo do escalonamento é dar uma oportunidade justa a todos os processos de execução na memória principal [4]. As aplicações no escalonamento do tipo Grid não são interactivas para o utilizador. Este tipo de escalonamento é implementado ao nível da tarefa e, a este nível, todos os processos não são executados em paralelo. Neste tipo de escalonamento, o objetivo é concluir a tarefa o mais rapidamente possível. No caso da programação do sistema operativo, é necessário identificar a localização dos processos na unidade de processamento. O escalonamento em grelha insere-se na categoria de escalonamento global e deve-se à atribuição de processos a diferentes recursos, de modo a tornar o desempenho do sistema eficiente.

2) Relacionando o escalonamento em grade com o escalonamento de multiprocessadores

A técnica de programação foi classificada em três esquemas, que são os seguintes: Esquema α, esquema β, esquema γ. Estes esquemas de escalonamento foram introduzidos pelo investigador Graham et al. e a inovação foi feita pelo investigador Veltman et al. Geralmente, estes esquemas são implementados nos sistemas em que é utilizado um grande número de processadores, mas também podem ser implementados na região de processadores distribuídos. Foram comparados diferentes tipos de sistemas de escalonamento, apresentados na Tabela 1.

3) Relacionar a programação de máquinas com a programação de grelhas

A técnica de programação do tipo grelha e a técnica de programação do tipo máquina estão inter-relacionadas, o que foi demonstrado através da programação de máquinas [5]. Várias técnicas novas utilizadas na programação de máquinas podem ser utilizadas na programação de grelha. Para executar uma operação no tipo de programação por máquina, pode haver m tipos de máquinas, n trabalhos diferentes e m tarefas diferentes. Descrevem-se brevemente três tipos de problemas de programação:

- **Programação de tipo open shop:** Vários processos de um trabalho podem ser programados em qualquer sequência. Os processos podem ser misturados, caso a preempção seja permitida.

- **Programação do tipo flow shop:** se a sequência em que os processos são executados for estática e idêntica para todas as tarefas, é conhecida como programação do tipo flow shop.

- **Programação do tipo job shop:** todos os processos são completamente sequenciados, mas a ordem de execução pode variar consoante as tarefas.

Com base na explicação dada acima sobre os vários problemas de programação de máquinas, a programação de processos independentes pode ser interligada com a técnica de programação do tipo "open shop" e a programação relacionada com processos interligados pode ser comparada com a técnica de programação do tipo "job shop". A instrução de ciclo na programação de processos pode ser comparada com a técnica de programação do tipo Flow Shop.

Tabela 1: Relação entre a programação num sistema Grid e a programação num sistema multiprocessador

Scheme	Multi-processor environment	Grid Environment
α: Processor Environment	**Processor Type:** Identical Processors, Heterogeneous Processors	**Grid Resources:** Compute resources with different LRMs, Data resources, network resources, sensor resources
	Number of processors	Number of Grid Resources
β : Task Characteristics	Independent or have precedence constraints	Independent jobs or workflow
	Computation costs	Computation costs
	Communication costs	Communication Costs
	Task duplication allowed	Task duplication allowed
γ : Optimality Criteria	Completion time of a task	Completion time of a grid application

1.5 Programação de tarefas

Normalmente, o principal objetivo deste tipo de técnica de programação é a troca entre diferentes processadores; por outro lado, a redução do tempo total de processamento é também um domínio a ter em conta. No escalonamento em grelha, há que ter em conta dois aspectos: o escalonamento de tarefas e o escalonamento de recursos. Em primeiro lugar, na programação de tarefas, é necessário determinar o recurso adequado que pode ser afetado a uma tarefa específica [6]. Por conseguinte, é necessário determinar o processador ideal para que o trabalho específico lhe possa ser atribuído. No escalonamento em grelha, são necessários dois tipos de escalonadores: local e de grelha. Em primeiro lugar, consideram-se os programadores locais, que são o tipo de programadores que funcionam numa região local, pelo que são altamente eficientes, mais rápidos e operam num ambiente idêntico, razão pela qual ocupam completamente os mesmos processadores. Os programadores de tipo grelha são também designados por programadores de tipo meta. Além disso, a técnica de programação pode também ser dividida em dois tipos: o primeiro é a programação estática e o segundo é a programação dinâmica. No tipo de programação estática, em primeiro lugar, os processos são atribuídos a um processador adequado e esse processador específico inicia a execução dos processos sem qualquer pausa. No tipo de programação dinâmica, é permitida a reprogramação dos processos. É possível alterar a execução do processo com base em dados dinâmicos recolhidos relacionados com a carga de trabalho nas unidades de processamento [7]. Na grelha, estão presentes várias unidades de processamento para executar o processo. O principal objetivo é identificar o processador adequado para executar um determinado trabalho. Há várias técnicas que podem ser utilizadas para o agendamento de tarefas:

Programação centralizada: O tipo de programador utilizado aqui é o programador centralizado. Quando

todos os processadores estão ocupados, o que torna o desempenho do sistema eficiente.

- **Programação hierárquica:** contém também um tipo central de programador e encaminha o processo para o tipo global de programador.
- **Programação descentralizada:** Não contém nenhum tipo de programador central. Consiste num tipo distribuído de programadores que cooperam entre si para programar o processo.

1.5.1 DIFERENTES MÉTODOS DE ALGORITMOS DE PROGRAMAÇÃO DE TAREFAS

O principal objetivo da programação de tarefas é escolher os melhores processadores numa grelha para atribuir diferentes tarefas. No caso de cada processador, a criação de programadores de tarefas é totalmente dependente do sistema de gestão [8]. No escalonamento em grelha, o cálculo ótimo e o escalonamento dos processos constituem um grande desafio.

1.5.1.1 Utilização eficiente de recursos informáticos utilizando o escalonamento Highest Response Next na grelha (HRN)

Neste esquema de programação, com base na prioridade atribuída ao trabalho e na eficiência da unidade de processamento, são atribuídas diferentes tarefas aos processadores. A técnica de programação Highest Response Next foi projectada para resolver os problemas relacionados com os dois algoritmos Shortest Job First e First Come First Serve. As várias vantagens deste esquema são a utilização eficiente do processador e o modelo "highest response next" é mais vantajoso para os processadores da grelha. Os problemas associados a ele são os seguintes: Consiste num tempo de rotação elevado e no desperdício de memória.

1.5.1.2 Atribuição de nós em computação em grelha utilizando o escalonamento com restrições óptimas de recursos (ORC)

Optimal Resource Constraint, este é um tipo de programação que mistura dois tipos de programação: o primeiro é o Best fit allocation e o segundo é o Round Robin scheduling. A partilha de carga e a capacidade dinâmica dos processadores da grelha podem ser eficientemente conseguidas através da aplicação deste tipo de algoritmo. As várias vantagens deste tipo de algoritmo são a minimização do tempo de espera e do tempo de resposta e a maximização do tempo de processamento. A principal desvantagem deste tipo de algoritmo de agendamento é a elevada carga de comunicação.

1.5.1.3 Programação hierárquica de tarefas para grupos de estações de trabalho (HJS)

Neste tipo de técnica de programação, são implementados dois níveis: o primeiro é a programação global e o segundo é a programação local. No programador global, para programar o trabalho, são utilizadas diferentes filas de espera e, em seguida, é implementado o algoritmo "primeiro a chegar, primeiro a ser servido". O programador local utiliza a mesma fila para implementar o algoritmo Shortest Job First e FF em vários processos. As várias vantagens deste algoritmo de agendamento são a utilização de várias filas para atribuir eficientemente os processadores a diferentes tarefas e a minimização do tempo de resposta. Os problemas associados a este tipo de algoritmo são que a natureza variável dos processadores da grelha não é considerada e os processadores não são completamente utilizados.

1.5.1.4 Estrutura de programação para programação baseada em agrupamento de trabalhos com consciência da largura de banda em computação em grelha (SFBAJG)

Para melhorar a eficiência do agendamento, é introduzido o conceito de largura de banda [9]. O programador adquire os dados do serviço de informação da grelha. Depois de adquirir as informações relativas aos recursos, o grupo de tarefas é criado e corretamente atribuído a um determinado recurso. A aplicação de recolha e seleção está presente na estrutura e esta aplicação é utilizada para recolher informações sobre a largura de banda de cada processador.

As vantagens deste algoritmo são uma melhor distribuição dos postos de trabalho.

1.5.1.5 Escalonamento de tarefas em grade baseado em agrupamento (GB FJS)

Este tipo de algoritmo de programação é derivado do algoritmo fire grained [10] e inicia-se com a aquisição dos dados relativos aos processadores. O algoritmo GBFJS ajuda a utilizar eficazmente os processadores, integrando o algoritmo "primeiro a chegar, primeiro a ser servido" com o algoritmo "guloso". As vantagens associadas a este algoritmo são a minimização do tempo total de execução e a melhoria da utilização dos processadores. Os problemas associados são o tamanho limitado da memória e o facto de ser necessário algum tempo para o pré-processamento antes da execução.

1.5.1.6 Um Agrupamento de Trabalhos Consciente da Largura de Banda - Programação Baseada em Ambiente de Grelha (BAJGS)

Neste tipo de técnica de programação, a ideia de agrupamento foi utilizada com a técnica de programação dependente do BAJG e com o algoritmo de programação consciente da largura de banda. Esta técnica centra-se sobretudo nos processos independentes do grupo que necessitam de uma pequena quantidade de processamento ou de uma grande quantidade de processamento e é programada em conformidade. Na camada de protocolo SCTP, a ideia de largura de banda foi utilizada para fazer a troca entre cargas. O principal objetivo deste algoritmo é fornecer uma entrega atempada em diferentes rotas. Ao implementar este algoritmo, o tempo necessário para o processamento de tarefas foi minimizado, ao passo que é maior no caso do agendamento de tarefas sem o algoritmo de agrupamento. Os benefícios desta técnica são: redução do tempo total de processamento. Os problemas associados são os seguintes: não é possível utilizar técnicas de compensação de carga e este algoritmo de programação de tarefas não tem em conta as necessidades de qualidade do serviço.

1.5.1.7 Um modelo de escalonamento dinâmico de recursos baseado em agentes com estratégia de agrupamento de tarefas FCFS em computação em grade (ABDRS)

Este tipo de técnica de escalonamento pode aumentar o tempo de execução do trabalho [11]. A técnica implementada para escolher um determinado processo é o algoritmo baseado em árvore de heap. Este tipo de algoritmo é implementado num modelo que tem duas camadas e que são as seguintes: A camada superior é conhecida como nível de grelha e a segunda é o nível de cluster. As várias vantagens desta técnica são as seguintes: melhor escalabilidade, resistência e acessibilidade da grelha, melhor utilização do processador e redução do tempo necessário para a execução dos trabalhos. Os problemas associados a este algoritmo são os seguintes: não utiliza a programação de tarefas e recursos juntamente com o paradigma genético para aumentar a eficiência do sistema.

1.5.1.8 Um Planeamento Dinâmico Baseado em Agrupamento de Tarefas para Implementação de Aplicações com Tarefas Finas em Grelha Global (DJGBS)

Na técnica de programação DJBS, com base no grupo de processos, os trabalhos são atribuídos ao processador MIPS [12]. Os processadores são selecionados com base na técnica FCFS. O processo é selecionado e atribuído ao processador com base na técnica "primeiro a chegar, primeiro a ser servido" e comparado com os processadores. Se, no caso de o trabalho de grupo Ml ser comparativamente inferior ao processador MIPS, este processo continuará a sua execução, a menos que o valor do processador MIPS seja superior ao do processo de grupo. Os vários benefícios associados a esta técnica consistem em aumentar a utilização do processador e também em minimizar o tempo total necessário para processar o trabalho. Os problemas associados a ela são: as limitações de largura de banda e de tamanho da memória são restritas.

1.5.1.9 Rede de computação virtual com utilização de agrupamento de recursos (VCGRP)

Trata-se de um tipo de algoritmo de programação em que o próprio sistema seleciona o processador ao qual o processo deve ser atribuído. Utiliza o monitor da grelha de cálculo virtual e o seu ponto de acesso à Web e é gestor do processador central. Benefícios associados: o sistema é eficiente em termos de custos. Problemas associados: não é muito fiável e a qualidade do serviço não é muito elevada.

1.6 CLASSIFICAÇÃO DA PROGRAMAÇÃO UTILIZADA EM AMBIENTE DE GRELHA

A técnica de programação em grelha pode ainda ser classificada em dois tipos.

1. nível de recursos locais

2. Nível de aplicação.

1.6.1 Programação de recursos

Ao nível dos recursos, o agendamento é de dois tipos: o primeiro é a partilha de tempo e o segundo é a partilha de espaço. A programação com base na partilha do tempo é implementada em cada processador do cluster. Por exemplo, o programador da unidade central de processamento é o tipo de sistema de lotes. Por outro lado, a programação com base na partilha de espaço é implementada pelo gestor de recursos local para programar o processo na fila de lotes. Para compensar a carga ou os processadores, é aplicada a técnica de programação de recursos. A maior parte das vezes, na secção da grelha, pode ser localizado um grupo de filas de espera. Neste tipo de programação, cada processo é considerado uma tarefa separada, pelo que podem ser misturados diferentes processos, independentemente de as tarefas serem atribuídas a partir da mesma grelha ou de grelhas diferentes. Os tipos de decisões a tomar neste tipo de programação dizem respeito, em primeiro lugar, à seleção do processo a partir de uma fila e à seleção do processador ao qual estas tarefas devem ser atribuídas. A figura número 1 mostra o agrupamento dos paradigmas de programação com base em duas operações de decisão.

1.6.1.1 Algoritmos de seleção de trabalhos:

Este algoritmo é utilizado para selecionar um determinado trabalho para execução a partir de uma longa fila de espera. A técnica básica de seleção de trabalhos baseia-se em regras de despacho. FCFS significa "first come first serve" (primeiro a chegar, primeiro a ser servido) e programa o processo com base na ordem pela qual os trabalhos são atribuídos [13]. SPTF significa "Shortest Processing Time First" (tempo de processamento mais curto primeiro) e é também conhecido como "Short-Job-First" (trabalho curto primeiro), abreviado como SJF, este algoritmo é utilizado para atribuir o trabalho com base na prioridade do mesmo. Largest Size First, abreviado como LSF, atribui a prioridade mais elevada ao processo que necessita de muito tempo para ser executado. EDF significa Earliest Deadline First, utilizado para atribuir a prioridade mais elevada aos trabalhos cujo prazo de execução é fixo.

1.6.1.2 Algoritmos de atribuição de nós:

O algoritmo BF ou Best Fit (melhor ajuste) escolhe o nó que tem um número limitado de processadores, mas que é capaz de concluir o trabalho. FF significa First Fit (primeiro ajuste); atribui o trabalho específico ao processador com base no primeiro processador adequado do grupo de processadores disponíveis. A prioridade é dada ao processador mais rápido disponível. A CPU que é pouco utilizada tem maior possibilidade de ser atribuída ao processo a executar.

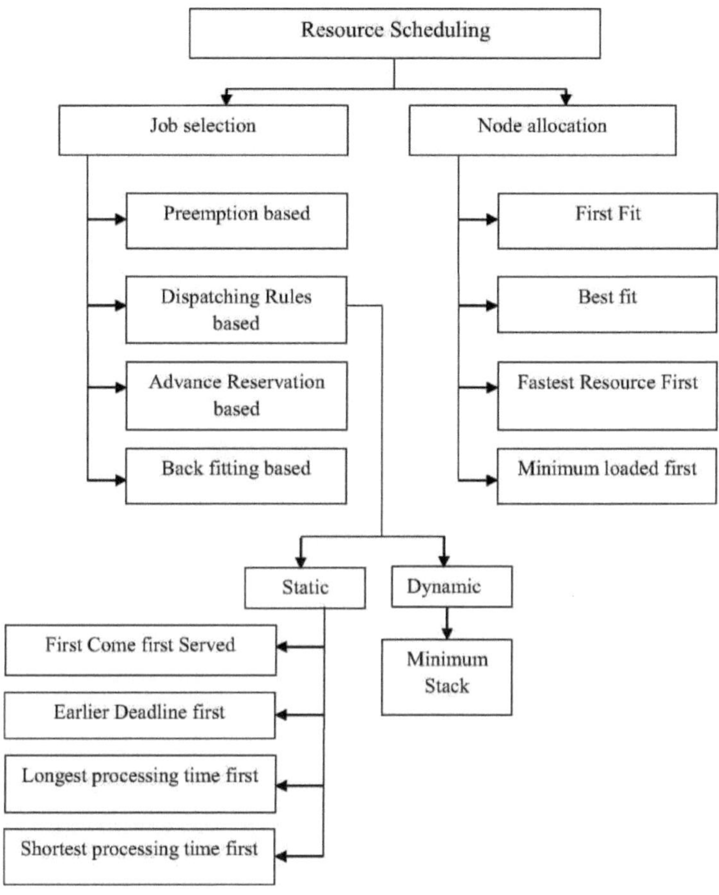

Figura 1. Classificação do escalonamento de recursos em computação em grelha

1.6.2 Programação de aplicações

Este tipo de programação é efectuado pelo programador da grelha, onde são atribuídos os processos que têm de ser executados. É aqui que o programador toma a decisão sobre os processos. São definidos diferentes termos no agendador da grelha, nomeadamente: super-agendador, meta-agendador, agendador global, corretor de aplicações e agendador de aplicações. O principal ponto de comparação entre o escalonamento de recursos e o escalonamento de aplicações é o facto de a região da grelha ser atribuída ao processo no escalonamento de aplicações, ao passo que no escalonamento de recursos o processador é atribuído a um grupo de tarefas. A figura número 2 mostra a categorização do paradigma de programação de aplicações com base em várias caraterísticas:

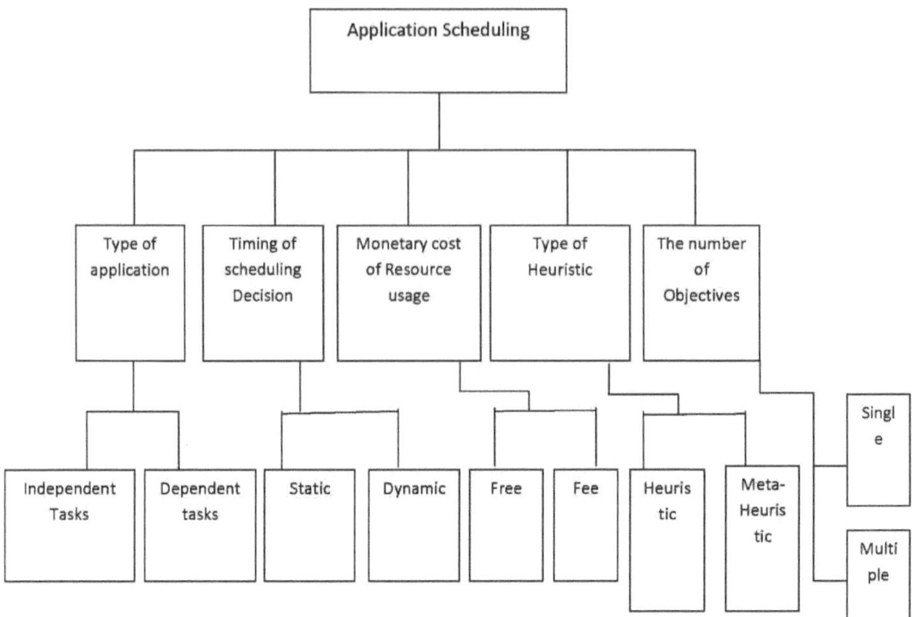

Figura 2. Classificação do escalonamento de aplicações em computação em grade.

Com base no momento em que a decisão de programação é tomada. A técnica de programação pode ainda ser agrupada em duas categorias: **1.6.2.1 Programação estática:** antes do início da execução dos processos, a ordem de todas as tarefas foi identificada. No caso da programação estática, podem ser implementados os dois tipos de processos: aplicações independentes ou dependentes. Quando o ambiente não varia, só esta técnica pode ser aplicada e é obrigatório determinar o tempo de processamento das tarefas.

1.6.2.2 Programação dinâmica: depois de o processo ter sido executado, este algoritmo determina a ordem das tarefas. Se for necessária a execução de um processo independente, todos os processos podem ser agendados simultaneamente e em qualquer sequência. Por outro lado, se for necessária a execução de processos dependentes, o processo específico prosseguirá para execução se os processos anteriores tiverem sido executados. Se o ambiente estiver a variar continuamente, é implementada a programação dinâmica. A programação dinâmica é implementada quando é difícil identificar o tempo de processamento ou quando os processos são atribuídos em tempo real. Se for aplicado o paradigma adequado, podem ser obtidos resultados eficazes. O algoritmo heurístico resulta sempre em soluções fiáveis e eficientes. A principal diferença entre heurística e metaheurística é explicada a seguir:

- **Heurística:** A partir deste método pode ser criado o paradigma de programação que pode ajudar a resolver um problema específico. Vários exemplos de heurísticas são os seguintes: Programação de base míope, programação dependente de lotes, programação baseada em listas, técnica de programação por agrupamento e programação dependente de duplicação [14].
- **Meta-heurística:** Esta técnica criou um método particular para gerar uma heurística específica para resolver um tipo de problema específico. Por exemplo: Paradigma genético, Recozimento Simulado, Pesquisa Tabular e Otimização por Enxame de Partículas. Com base nas várias caraterísticas das aplicações, os algoritmos de escalonamento podem ser divididos em dois tipos: o primeiro é o escalonamento de tarefas independentes e o segundo é o escalonamento de tarefas dependentes.

1.6.2.3 Escalonamento de tarefas independentes: Nos tipos de aplicações que têm tarefas independentes, as diferentes tarefas não dependem umas das outras. Assim, qualquer sequência pode ser aplicada pelo programador a diferentes tarefas independentes. Vários exemplos de paradigma de programação de processos independentes são os seguintes: Tempo Mínimo de Execução, Tempo Mínimo de Conclusão, Min-min, Max-min, e Sufrágio [15].

1.6.2.4 Programação de tarefas dependentes: Os tipos de aplicações em que diferentes tarefas dependem umas das outras são designados por aplicações de tarefas dependentes. Assim, ao programar diferentes tarefas, é necessário ter em conta as dependências entre os diferentes processos. As heurísticas podem ser divididas em três tipos: o primeiro é o escalonamento por lista, o segundo é o escalonamento baseado em clusters e o terceiro é o escalonamento dependente da duplicação. Com base na utilização dos custos por recurso, a programação pode ser dividida em dois grupos:

- **Programação baseada no acesso cooperativo/voluntário:** O tempo necessário para a execução de um processo O programador tenta minimizar o tempo de execução ignorando outros factores. A maioria dos processos de Grid está utilizando esta técnica. No escalonamento cooperativo dependente, os utilizadores podem utilizar os processadores livremente.
- **Programação baseada em QoS e SLA:** A programação dependente de SLA, também conhecida como computação em grelha dependente de utilidade, exige que os utilizadores que pretendam utilizar o processador paguem ao proprietário do processador. Assim, para tomar uma decisão sobre o processador a utilizar para a execução de uma tarefa, o custo desempenha um papel importante. Com

base no número de objectivos necessários para tomar qualquer decisão relativa à programação, esta pode ser dividida em mais dois grupos:

1.6.2.5. Programação de objetivo único: Na programação de tipo objetivo único, é necessário que o programador se concentre numa tarefa ao tomar qualquer decisão relativa à programação. Por exemplo: a programação centra-se principalmente na redução do tempo necessário para o processamento e na redução dos custos.

1.6.2.6. Programação de múltiplos objectivos: Neste caso, é necessário que o programador se concentre completamente em vários objectivos em simultâneo enquanto toma a decisão sobre o programador a utilizar. Vários exemplos deste tipo de programação são: a programação da redução dos custos e do tempo. Com base nas várias caraterísticas da função objetivo, a técnica de programação pode ser classificada em dois grupos:

- **Programação baseada na minimização:** neste caso, o programador concentra-se na redução do número de objectivos e este objetivo pode ser a redução do intervalo de produção e da duração do tempo necessário para o processamento.
- **Programação baseada em restrições:** Neste caso, é necessário que o programador tenha adquirido os dados relativos aos limites máximos do número de objectivos e que tenha de criar um programa que se enquadre no limite máximo indicado.

1.7 Algoritmos de escalonamento de tarefas existentes

Nos últimos anos, existem vários algoritmos de programação de tarefas que têm sido utilizados por vários investigadores nos seus trabalhos. Alguns dos algoritmos são mencionados de seguida.

1.7.1 Algoritmo de programação "primeiro a chegar, primeiro a servir" (FCFS)

Este algoritmo funciona da seguinte forma: o primeiro a entrar é o primeiro a sair; na fila de espera, há um certo número de trabalhos disponíveis e o FCFS executa o trabalho que chega primeiro à fila. Este algoritmo tem várias vantagens, tais como a simplicidade e a facilidade de execução, uma vez que não é necessário atribuir qualquer prioridade ao trabalho [16]. Por outro lado, tem vários inconvenientes, uma vez que não é preemptivo, aumenta o tempo de espera e de execução e consome muito tempo.

A representação esquemática do algoritmo FCFS é explicada a seguir, onde existem duas filas de espera: a fila de espera e a fila de tarefas prontas. As tarefas que se encontram na fila de espera estão a aguardar o seu processamento. O processo que chegar primeiro será processado primeiro ou aguardará a sua vez.

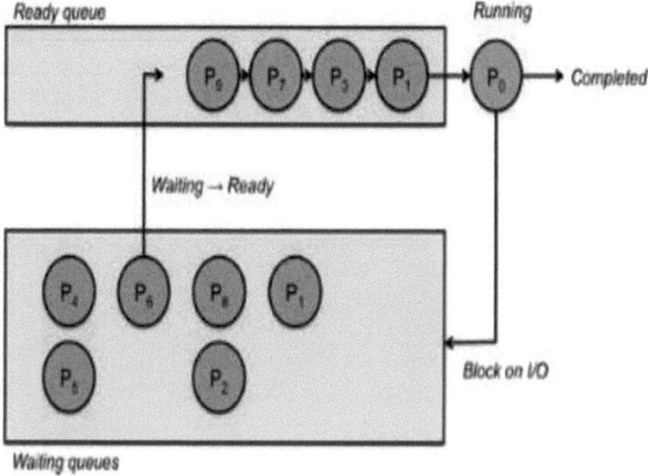

Figura 3. Algoritmo FCFS [24]

1.7.2 Algoritmo do trabalho mais curto primeiro (SJF)

Neste tipo de algoritmo, um trabalho com um tempo de execução menor ou mínimo é executado em primeiro lugar e, em seguida, os trabalhos com um tempo de execução mais elevado são executados, aguardando na fila até que o trabalho com um tempo de execução mais curto não esteja concluído. Ao contrário do algoritmo FCFS, este algoritmo permite obter um tempo médio de espera e um tempo médio de execução mínimo [17]. Como se baseia no mecanismo de prioridade, os trabalhos com a mesma prioridade são executados primeiro pelo trabalho mais curto.

1.7.3 Algoritmo Round Robin (RR)

O algoritmo Round Robin foi concebido com base na distribuição do tempo, em que é atribuído um quantum de tempo ou uma fatia a um trabalho individual. Assim, com base neste conceito, cada tarefa é atribuída a uma fatia e é executada de acordo com esse intervalo de tempo, funcionando como um modelo de fila circular.

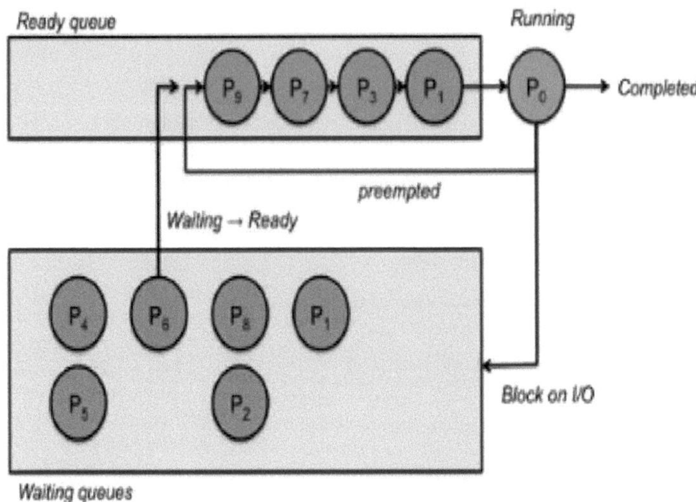

Figura 4. Algoritmo Round Robin [24]

A nova tarefa adicionada à cauda da fila e, se a tarefa em execução não for concluída num determinado período de tempo, o programador passa à tarefa seguinte para a execução do processo. E a tarefa restante de uma tarefa forma uma fila circular e volta a ser executada quando chega. Além disso, se alguma tarefa estiver concluída, o processador liberta a tarefa concluída e passa para a seguinte que está à espera na fila. A principal vantagem deste algoritmo é que todos os trabalhos disponíveis na fila são executados pelo menos uma vez durante o ciclo descrito na figura 4. A principal desvantagem deste algoritmo é que os trabalhos maiores demoram muito tempo numa fila periódica a terminar a sua tarefa.

1.7.4 Algoritmo de programação heurística

Yichao Yang et al. [18] propuseram um algoritmo que se centra particularmente na afetação de redes virtualizadas. O algoritmo proposto considerou recursos computacionais para o processo de escalonamento. Assim, para o processo de conclusão de todos os trabalhos foi utilizado um corretor de recursos orientado a serviços. A distribuição da transmissão de dados e do tempo de computação no ambiente virtual foi feita utilizando a rede Abilene que foi proposta por vários autores. Por fim, o algoritmo proposto obteve um elevado desempenho no que respeita à utilização correta dos recursos.

Além disso, proporcionou um elevado rendimento, um equilíbrio de carga e um tempo de processamento mínimo.

1.7.5 Algoritmo de programação consciente dos recursos (RASA)

Jing Mei et al. [19] apresentaram um mecanismo que permite reduzir a duplicação de tarefas em sistemas de computação heterogéneos. Este algoritmo de programação baseado na duplicação teve um desempenho bastante melhor do que outros algoritmos existentes. A duplicação no sistema pode levar a um atraso elevado nas tarefas subsequentes e aumenta o tempo de espera global. Em alternativa, o método proposto aumentou a eficiência do sistema com menos duplicações. Assim, a razão subjacente à proposta de uma nova técnica foi a procura e a eliminação da redundância. Consequentemente, os resultados experimentais poupam o consumo global de recursos, que é de 15,59% em comparação com outros algoritmos existentes. Além disso, o makespan também aumentou com a aplicação da técnica proposta.

1.7.6 Heurística de programação baseada na otimização por enxame de partículas

Suraj Pandey et al. em [20] propuseram um algoritmo que permite reduzir os custos de computação e de transmissão de dados. No cenário do fluxo de trabalho, o algoritmo PSO desempenha um papel importante na minimização do custo total do processo de execução. O algoritmo proposto neste trabalho foi comparado com o algoritmo de seleção dos melhores recursos. E os resultados experimentais adquiridos dos algoritmos concluíram que o algoritmo proposto teve um desempenho três vezes melhor do que o algoritmo existente. Além disso, a técnica proposta produziu uma boa distribuição da carga de trabalho entre os recursos disponíveis.

1.7.7 Algoritmo de colónia de formigas para agendamento equilibrado de tarefas em grelha

Ruay-Shiung Chang et al. em [21] apresentaram um algoritmo baseado em computação em grelha. No ambiente de computação em grelha, as partes principais são a grelha de computação e a grelha de dados. Assim, a utilização adequada dos recursos numa grelha é bastante difícil. Para equilibrar a programação de recursos, este artigo introduziu um novo algoritmo de colónia de ANT para a seleção óptima de um caminho favorável.

O algoritmo de otimização equilibrada de colónias de formigas proposto, ou seja, BACO, foi comparado com a otimização melhorada de colónias de formigas, Suffrage, Fastest processor to largest task first, ou seja, FPLTF, FPLTF dinâmico e método de seleção aleatória. A partir da análise, concluiu-se que o algoritmo BACO proposto superou os outros algoritmos com um Makespan reduzido.

1.8 Resumo

Este capítulo do trabalho explicou a programação de tarefas num sistema e os métodos que foram desenvolvidos anteriormente. O estudo dos métodos ou técnicas existentes permite concluir que a aplicação destes métodos não produz resultados adequados, pelo que é necessária uma técnica proposta. O algoritmo de otimização pode ser utilizado para obter resultados eficazes.

CAPÍTULO 2

PESQUISA BIBLIOGRÁFICA

Os algoritmos de programação de tarefas foram descritos por vários investigadores nos seus trabalhos. Alguns dos trabalhos dos investigadores são mencionados a seguir.

1. **Kyriaki Skenteridou et al, "Job scheduling in a Grid Cluster [1]",** centrou-se nas técnicas de agendamento de tarefas e efectuou uma comparação entre elas. As técnicas utilizadas num cluster faziam parte de uma grelha computacional. O estudo foi efectuado com base em duas políticas diferentes de atribuição de postos de trabalho, uma estática e outra dinâmica, bem como em três políticas de programação de postos de trabalho combinadas entre si. A análise de simulação dos diferentes algoritmos de programação foi comparada com diferentes cargas de trabalho. Assim, a principal caraterística deste estudo foi a obtenção de um cenário de funcionamento eficiente. A partir da análise de simulação, concluiu-se que a seleção do esquema de programação depende da informação sobre a carga e do conhecimento prévio dos tempos de serviço dos postos de trabalho.
2. **Khushboo Yadav et al, "Job Scheduling in Grid Computing" [2],** apresentou uma revisão sobre a computação em grelha, os tipos de grelhas, as caraterísticas da grelha computacional e o enquadramento do agendamento em grelha. A grelha é um termo utilizado para referir que as máquinas estão distribuídas por várias organizações. E a computação em grelha é designada por computação distribuída, em que é feita a partilha de recursos. Os recursos disponíveis na grelha são heterogéneos e distribuídos pela rede em termos geográficos para a resolução de problemas complexos, bem como para o desenvolvimento de aplicações de grande escala. Além disso, concluiu os algoritmos de programação de tarefas e de recursos, que serão úteis para os investigadores em trabalhos futuros.
3. **Akshay A. Bhoyar et al, "Design and Implementation of Job Scheduling in Grid Environment over IPv6" [3],** implementou o algoritmo de programação de tarefas com base no ambiente de grelha utilizando IPv6. A fim de realizar o agendamento e a gestão de tarefas, foi criado um mecanismo de agendamento inter-regional que seleciona automaticamente o local e o modo de funcionamento com a ajuda do sistema de agendamento e dos pedidos dos utilizadores. Com base neste critério na computação em grelha, a utilização dos recursos será mais eficiente. A principal ideia subjacente à aplicação deste método é proporcionar um acesso fácil dos recursos ao número de utilizadores neste ambiente enorme e heterogéneo. Com a facilidade de acesso, também proporcionou várias funções,

como a apresentação de trabalhos no sistema, garantindo uma elevada qualidade dos serviços ao utilizador e ocultando a complexidade do sistema. Além disso, oferecia interfaces simples ao utilizador final da grelha. Foi definido que o ambiente de grelha é de dois tipos: grelhas de dados e grelhas computacionais. A fim de equilibrar as cargas e reduzir o tempo de resposta efetivo na grelha, foi utilizada uma técnica de equilíbrio de cargas. Ao utilizar esta técnica, a carga em todas as grelhas foi gerida, o que melhorou o rendimento dos recursos da grelha. Em conclusão, um algoritmo só é eficiente quando é capaz de equilibrar a carga do sistema e atribuir os trabalhos aos recursos disponíveis de forma eficiente. Para o trabalho proposto, foi proposto um algoritmo de equilíbrio de carga hierárquico melhorado no ambiente de grelha para melhorar o desempenho global do sistema, utilizando os recursos de forma eficaz. Por último, a abordagem "primeiro a chegar, primeiro a ser servido" foi utilizada para obter uma solução eficiente e óptima para o problema definido.

4. **Dipti Sharma et al, "Job Scheduling Algorithm for Computational Grid in Grid Computing Environment" [4]**, no ambiente de computação em grelha, a partilha de recursos de forma eficiente é uma grande preocupação para vários investigadores. Para além deste facto, tem várias aplicações em áreas científicas, médicas e de investigação. Atribuir o trabalho ao número de utilizadores no ambiente distribuído é um fator primordial na computação em grelha, pelo que este artigo apresenta um algoritmo que programa os recursos disponíveis no ambiente de forma precisa e eficiente.
5. **Harshadkumar B. Prajapati et al, "Escalonamento em ambiente de computação em grelha" [5]**, ofereceu uma visão precisa para compreender a programação num sistema de computação em grelha. O documento centrou-se no ambiente de computação em grelha e discutiu alguns subsistemas vitais que permitiram a possibilidade de computação em grelha. Para além do ambiente da grelha, o documento também apresentou a metodologia dos algoritmos de programação que podem ser utilizados para avaliar abordagens reais e baseadas em simulação. O trabalho apresentado será útil para os investigadores compreenderem a computação em grelha, uma vez que fornece a metodologia e os algoritmos de programação.
6. **Rizos SAKELLARIOU et al, "Job Scheduling on the Grid: Towards SLA-Based Scheduling", [6]** argumentou a necessidade de flexibilidade nos serviços oferecidos pela grelha. O artigo conclui que este problema pode ser resolvido através de acordos de nível de serviço separados entre o proprietário do recurso e a pessoa ou utilizador que pretende submeter o seu trabalho a esses recursos. Além disso, diferentes visões relativas à materialização foram destacadas neste documento.
7. **G. Jaspher W. Kathrine et al, "Job Scheduling Algorithms in Grid Computing - Survey", [7]**

analisou várias questões relacionadas com o ambiente de grelha em que o número de recursos é partilhado entre os computadores. As grelhas podem ser utilizadas para vários fins. Neste ambiente de grelha, o agendamento de tarefas é utilizado para agendar as tarefas dos utilizadores e atribuir os recursos necessários aos utilizadores dedicados. Este documento analisa vários algoritmos de programação de tarefas. Além disso, comparou e contrastou diferentes algoritmos de programação de tarefas em termos de tempo de execução, tempo de fluxo, utilização de recursos e tempo de conclusão.

8. **M. Balajee et al, "Premptive Job Scheduling with Priorities and Starvation cum Congestion Avoidance in Clusters" [8],** descreveu um novo mecanismo que pode ser utilizado para programar os trabalhos paralelos nos clusters que fazem parte da grelha computacional. Este algoritmo propunha ainda três filas de trabalho diferentes. Assim, cada fila foi atribuída a um determinado número de recursos em cada cluster. O tempo de execução esperado baixo e o tempo de execução esperado alto foram atribuídos às filas 1st e 2nd , respetivamente. E a fila 3rd consistia em trabalhos que são tratados como parte do Meta-trabalho da grelha computacional. Na fila 1st do modelo proposto, não havia qualquer hipótese de fome, mas se considerarmos a fila 2nd , pode haver a possibilidade de haver um problema de fome. Assim, este algoritmo faz uso da técnica de envelhecimento que foi usada para antecipar o trabalho com baixa prioridade. Além disso, a fila 3rd foi concebida para executar apenas a parte dos meta-jobs. Consequentemente, neste trabalho foram mantidas várias filas de trabalhos que são separadas com base no tempo de execução projetado para os trabalhos locais e para a parte do meta-trabalho. Por último, o trabalho com baixo tempo de execução foi antecipado com a aplicação da técnica de envelhecimento. O desempenho do método proposto pode ser avaliado através do congestionamento do tráfego, em que o tempo de execução previsto foi comparado com o tempo total necessário para submeter os trabalhos e receber o resultado pretendido de um determinado nó.
9. **Jorge Manuel Gomes Barbosa et al, "Dynamic Job Scheduling on Heterogeneous Clusters" [9],** abordou o problema do agendamento de tarefas num ambiente dinâmico em que existem vários utilizadores e tarefas independentes em clusters homogéneos e heterogéneos. Este documento propôs dois programadores DAG estáticos, ou seja, Diret Cyclic Graph, para as máquinas heterogéneas em particular. O DAG ajudou a programar as tarefas paralelas no momento certo. A partir do resultado, verificou-se que o algoritmo proposto tem um desempenho superior quando comparado com as outras estratégias de agendamento comuns. Além disso, atribuiu cada tarefa a um processador, respetivamente.

10. **Mohit Chawla et al, "Attitudinal data based server job scheduling using genetic algorithms: Client-centric job scheduling for single threaded servers" [10],** centrou-se na programação de tarefas em ambientes de thread único. A fim de servir o número de pedidos ao servidor visado, é utilizado o algoritmo genético. A análise da simulação mostrou que o desempenho do servidor visado tinha melhorado em termos de eficiência e de otimização da utilidade do agente do utilizador cliente. Além disso, o trabalho demonstrado concluiu que houve uma melhoria significativa na utilidade do agente do utilizador com a manutenção da computação e o fornecimento de uma cobertura suficiente.
11. **Pritom Kumar Mondal et al, "An approach to develop an effective job rotation schedule by using genetic algorithm" [11],** propuseram uma técnica baseada em algoritmos genéticos capaz de fazer rodar o trabalho entre os trabalhadores, a fim de eliminar o tédio e as tarefas repetitivas para o indivíduo. O algoritmo proposto destinava-se basicamente à empresa de construção e considerava múltiplos factores, pelo que também era conhecido como algoritmo multifatorial. Os factores que foram incluídos no trabalho proposto são a ergonomia, a competência, as aptidões físicas e o ambiente. Com base nestes factores, foi desenvolvido um algoritmo de programação optimizada da rotação de tarefas. O algoritmo genético envolvido no trabalho utilizou os operadores crossover e mutação para a criação de novas soluções em cada geração, tendo em conta algumas condições. Por fim, o estudo de caso foi avaliado para garantir o desempenho do modelo proposto.
12. **Budtree Limwanich et al, "Efficiency improvement of job scheduling by using Genetic Algorithm: A case study in electronic industry" [12],** propôs um algoritmo genético que foi modificado em conformidade para obter o resultado pretendido na indústria de montagem eléctrica. A análise experimental foi efectuada utilizando o algoritmo genético proposto e, a partir dos resultados, verificou-se que o algoritmo genético para o trabalho proposto teve um desempenho significativo em termos de diminuição do tempo de execução e do tempo de inatividade. A população inicial foi considerada a partir dos métodos heurísticos tradicionais para o AG proposto. Concluiu-se que o AG proposto forneceu uma solução óptima e mais rápida em comparação com o anterior. Além disso, o foco principal foi colocado nos parâmetros do AG e, em caso de necessidade, também foi feito o ajuste desses parâmetros.
13. **Shih-Pang Tseng et al, "Job shop scheduling based on ACO with a hybrid solution construction strategy" [13],** apresentou um algoritmo de otimização de colónias de formigas para melhorar a qualidade do JSSP, ou seja, problemas de job shop scheduling. As observações tradicionais incluíam

o facto de os resultados obtidos serem altamente afectados pelos operadores do ACO, especialmente os operadores de transição. Assim, foi apresentada uma nova solução neste trabalho, totalmente baseada na estratégia de construção. Para o trabalho proposto, foram incluídas duas estratégias diferentes que foram utilizadas para melhorar os resultados finais através da computação da provabilidade da construção da solução. Os resultados experimentais mostraram que o algoritmo proposto tem um desempenho superior ao de outros algoritmos de programação de trabalho. Além disso, melhorou a qualidade da otimização por colónias de formigas para o JSSP.

14. **Hazem Mohammad Al-Najjar et al, "A survey of job scheduling algorithms in distributed environment" [14],** investigou os modelos de agendamento de tarefas e apresentou diferentes modelos que foram utilizados para resolver o problema do agendamento num ambiente distribuído. A análise do problema foi efectuada em diferentes direcções, tendo-se concluído que muitos dos parâmetros, como o tempo de criação de etapas, o número de tarefas e a dependência entre estas tarefas, podem afetar o modelo de programação de tarefas. Além disso, estes factores podem prejudicar o desempenho do sistema.

15. **Mehdi Effatparvar et al, "Swarm Intelligence Algorithm for Job Scheduling in Computational Grid" [15],** o principal objetivo do documento é compreender a computação em grelha, que se centra na criação de computadores virtuais poderosos, de grandes dimensões e autónomos. Nestas grelhas, o agendamento é efectuado para atribuir cada tarefa a um processador individual. Assim, um agendamento preciso e eficiente é o requisito básico da grelha para aumentar a eficiência da grelha. Este artigo propôs um programador ótimo capaz de completar a tarefa de forma eficiente e com o mínimo de tempo de fluxo e de tempo de execução.

16. **Pratibha Pandey et al, "Job scheduling techniques in cloud environment: A survey" [16],** no ambiente de computação em nuvem, o número de utilizadores tem vindo a aumentar com o tempo, pelo que é da sua responsabilidade garantir que o número de utilizadores obtenha o recurso necessário a tempo. Como o número de recursos no ambiente é limitado devido a

em que cada pedido não pode ser satisfeito de acordo com a procura dos utilizadores. Consequentemente,

Foram introduzidas técnicas de programação de nuvens para atribuir os recursos e utilizar os recursos disponíveis de forma eficaz. Além disso, é essencial fornecer os requisitos de QoS aos consumidores. Do mesmo modo, este documento analisou os problemas de desempenho, os desafios e as técnicas para a afetação de recursos na computação em nuvem. Por último, o documento centrou-se nas questões relacionadas com as técnicas existentes utilizadas para a afetação de recursos.

17. **Gholamali Rahnavard et al, "Parallel Greedy Genetic Algorithm for Job Scheduling in Cluster Enviornments" [17],** apresentou um requisito para clusters de alto desempenho para lidar com processos paralelos em ambiente de computação. A fim de gerir os recursos para os pedidos dinâmicos, a taxa de utilização dos clusters deve ser maximizada. Este artigo propôs um algoritmo genético paralelo que programa o trabalho para diferentes classes de clusters. Para avaliar a população inicial no algoritmo genético, foi utilizada uma abordagem gulosa. Finalmente, o método mestre-escravo foi aplicado sobre o sistema de forma paralela para gerir os agendadores, bem como para melhorar o desempenho do agendador principal. Os resultados foram analisados e a complexidade dos algoritmos mostrou que podem ser mais eficientes.

18. **Reetika Grover et al, "Bio-inspired optimization techniques for job scheduling in grid computing" [22],** explorou a ideia de utilizar algoritmos evolutivos em ambiente de computação em grelha para utilizar eficazmente os recursos em grande escala. A partilha de recursos em redes pode ser possível se for feita uma programação adequada. A razão subjacente à utilização de algoritmos de otimização para a programação é que estes fornecem soluções viáveis para os problemas. Uma vez que os recursos disponíveis são heterogéneos e complexos, os algoritmos bioinspirados têm a capacidade de os tratar com precisão num período de tempo fixo. Além disso, vários algoritmos metaheurísticos foram explorados no documento.

19. **Ronakkumar R. Patel et al, "Scheduling of Jobs based on Hungarian method in cloud computing" [23],** propôs um método que permite a afetação de trabalhos a recursos com base em critérios de prioridade para satisfazer as necessidades dos trabalhos e dos recursos.
    Na computação em nuvem, os utilizadores têm vindo a aumentar com o passar do tempo, pelo que é necessário satisfazer as necessidades de cada cliente em termos de recursos. O requisito básico do utilizador é executar o seu trabalho utilizando os recursos disponíveis de forma optimizada. Uma vez que o tempo mínimo de conclusão e a utilização adequada dos recursos se tornaram a área de investigação de vários investigadores, foram propostas várias técnicas até à data, mas que afectam o tempo e a complexidade. Consequentemente, o método proposto fornece uma melhor solução para este problema de uma forma eficaz.

20. **Ehab Mohamed et al, "Hadoop-MapReduce Job Scheduling Algorithms Survey" [24],** estudaram o número de programadores desenvolvidos no ambiente de nuvem Hadoop, incluindo as suas

caraterísticas e problemas. Vários estudos tradicionais envolveram a melhoria do desempenho com um único ponto de vista, como o agendamento, a exatidão dos dados e a localidade dos dados. Apenas alguns deles envolveram parâmetros de melhoria de múltiplos objectivos, como requisitos de qualidade, adaptação dinâmica do ambiente e entidades de programação no caso de sistemas heterogéneos paralelos e distribuídos. Considerar os dois aspectos importantes dos grandes dados, como o Hadoop e o Map reduce, que são utilizados para tratar os dados estruturados e não estruturados. Assim, este artigo analisou a combinação do algoritmo de programação Hadoop-Mapreduce e o trabalho realizado neste domínio. Além disso, são também apresentadas algumas sugestões de melhoria.

21. **Sina Mahmoodi Khorandi et al, "Reducing Load Imbalance of Virtual Clusters via Reconfiguration and Adaptive Job scheduling" [25],** apresentou uma abordagem híbrida do algoritmo de programação de tarefas em linha ASSIGN-ROUTE. Além disso, a técnica de reconfiguração também foi proposta, em que o componente fracamente acoplado equilibrou a carga dos recursos e melhorou a execução destes trabalhos fracamente acoplados. Os resultados experimentais foram realizados utilizando o algoritmo proposto, concluindo-se que a técnica proposta equilibra a carga de forma eficaz em comparação com outros algoritmos de equilíbrio de carga. Por último, concluiu-se que o método proposto proporcionou resultados teóricos especificamente no caso da execução em escala.

22. **Jie Wang et al., "The design and realization of cluster job power scheduling strategy based on genetic algorithm" [26],** concebeu uma estratégia de programação da energia de um grupo de tarefas baseada no algoritmo genético. O algoritmo proposto utilizou a energia

    rácio de eficiência dos parâmetros de programação de tarefas. As experiências foram efectuadas com o algoritmo proposto, o que permitiu aumentar a eficiência energética e diminuir o tempo de resposta. Além disso, o desempenho da técnica proposta consumiu menos energia em comparação com outros algoritmos de programação de tarefas.

23. **Songqing Chen et al, "Adaptive and virtual reconfigurations for effective dynamic job scheduling in cluster systems" [27],** apresentou um método de software que incluía a partilha dinâmica da carga. O método proposto reservava um pequeno conjunto de estações de trabalho que forneciam os serviços especiais relativos à memória de grande capacidade. O trabalho que requer grandes atribuições de memória pode contar com o esquema proposto. O princípio principal do método proposto é a política

do tempo de processamento mais curto. Uma vez resolvido o problema de bloqueio através da reconfiguração, o sistema é convertido no seu estado normal de partilha de carga. Este artigo oferece três contribuições, tais como:

1. A condição de causar um problema de bloqueio de trabalho.

2. Um método de software adaptativo no ambiente de um sistema dinâmico de partilha de carga.

3. Por último, as simulações baseadas em traços

A partir dos resultados obtidos, concluiu-se que o método proposto melhora o desempenho da computação em cluster com a capacidade de resolver o problema de bloqueio de tarefas. Além disso, o seu desempenho também foi verificado neste trabalho.

24. Reza Fotohi et al., "A Cluster Based Job Scheduling Algorithm for Grid Computing" [28], exemplificou o algoritmo dinâmico de agendamento de tarefas baseado em clusters que permite uma execução eficiente das tarefas. A análise comparativa com o algoritmo de escalonamento de tarefas proposto também foi efectuada neste documento, incluindo parâmetros como o tempo médio de espera, o tempo médio de resposta, o tempo médio de execução e o tempo médio total de conclusão das tarefas. A partir dos resultados obtidos, concluiu-se que o algoritmo de programação proposto, designado por CHS 1, superou os outros algoritmos de programação em termos dos parâmetros acima referidos e provou ser o melhor.

25. Vinay Harsora et al [29], "A Modified Genetic Algorithm for Process Scheduling in Distributed System" (Um algoritmo genético modificado para a programação de processos num sistema distribuído), analisou o problema da programação de processos num sistema distribuído. Uma vez que a programação no sistema operativo distribuído desempenha um papel importante no desempenho de todo o sistema. Assim, a principal tarefa do escalonamento de processos é alocar os processos de modo que o tempo de execução possa ser reduzido juntamente com a utilização máxima dos processos. Tendo em conta este facto, este documento utilizou os algoritmos genéticos para resolver o problema do equilíbrio da carga de uma forma eficaz e aumentou a eficiência do trabalho proposto.

2.1.Resumo

Na grelha, o agendamento de trabalhos é difícil de conseguir. Os algoritmos ou metodologias supramencionados têm sofrido de vários problemas que podem ser resolvidos no futuro. O quadro seguinte mostra a comparação entre várias técnicas existentes em termos de diferentes parâmetros de desempenho do planeamento

Tabela 1. Comparação dos algoritmos existentes em termos de parâmetros de programação

Algorithms	Execution Time	Response Time	Cost	Scalability	Trust	Reliability	Resource Utilization	Energy Consumption	Load Balancing
First Come First Serve	Yes	Yes	No	No	No	No	No	No	No
Shortest Job First	Yes	No	No	No	No	No	No	No	No
Round Robin	Yes	No	No	Yes	Yes	No	Yes	No	Yes
Heuristic Scheduling	Yes	No	No	No	No	No	Yes	No	Yes
Resource-Aware Scheduling algorithm RASA	No	No	Yes	No	No	No	Yes	No	No
Particle Swarm Optimization	No	No	Yes	No	No	No	No	No	No
ANT colony algorithm	No	No	No	No	No	No	No	No	yes

CAPÍTULO 3

FORMULAÇÃO DE PROBLEMAS

A partir da literatura estudada, verifica-se que muitos investigadores introduziram muitos algoritmos para o processo de programação de tarefas. A atribuição de tarefas depende de muitos factores, uma vez que a necessidade desses sistemas é terminar as tarefas no prazo ou antes do prazo, os sistemas têm de ter em conta todos os parâmetros de qualidade. Como as principais necessidades são

1. Terminar os trabalhos a tempo,
2. o tempo de espera global deve ser menor
3. O tempo de execução global (Finish Time) deve ser inferior.

Tendo em conta estes termos, foram desenvolvidos muitos algoritmos denominados FCFS, SJF, Round robin, etc. No entanto, à medida que o número de requisitos e de tarefas aumenta, os investigadores esforçam-se diariamente por desenvolver novos algoritmos. No documento de referência, trabalha-se na combinação dos dois algoritmos para preparar o modelo híbrido de programação. Mas estes algoritmos são válidos até certo ponto, uma vez que os requisitos são actualizados a intervalos regulares, pelo que podem não ser capazes de programar o processo de forma eficiente. Por conseguinte, é necessário encontrar uma solução que possa fornecer aleatoriamente uma solução com uma abordagem muito eficiente do tratamento das necessidades.

CAPÍTULO 4

TRABALHO PROPOSTO

4.1 Trabalho proposto

É necessário encontrar uma solução que possa fornecer aleatoriamente uma solução com uma abordagem muito eficaz para o tratamento dos requisitos. Propõe-se que o trabalho possa ser efectuado com base na inteligência de enxame, na qual existem muitos algoritmos no mundo da investigação. Alguns nomes comuns que são muito populares são: algoritmo genético, otimização de colónias de formigas, otimização de enxames de partículas. Estes algoritmos são capazes de resolver o problema com que nos deparamos nos sistemas existentes, mas também é possível melhorar ainda mais estes algoritmos. Assim, será utilizado um algoritmo genético avançado com múltiplos "casos de atualização de dados". A metodologia proposta consiste na combinação de dois algoritmos de otimização, ou seja, o algoritmo genético e a transição de estado.

- Benefícios

1. A combinação de dois algoritmos de otimização, GA e ST, ajudará o sistema existente a obter um número de soluções para o problema e selecionará a melhor de todas
2. O algoritmo de otimização dependerá da função de aptidão, pelo que pode ser dinâmico, uma vez que, sempre que os requisitos mudarem, será bem sucedido.
3. Devido à abordagem de solução aleatória, é possível obter o melhor caso para todos os resultados

4.2 Técnicas utilizadas

Existem dois algoritmos de otimização que, combinados, têm um desempenho eficaz em termos de programação. Cada algoritmo de otimização é descrito sucintamente a seguir:

4.2.1 Algoritmo genético

Este paradigma utiliza os dados anteriores para obter os melhores resultados em comparação com os anteriores. Para além disso, são utilizados vários cruzamentos aleatórios para explorar novas áreas no caso de se obter a solução. Normalmente, o paradigma genérico inclui três fases, que são as seguintes: a primeira é a seleção, a segunda é o cruzamento e a terceira é a mutação. O primeiro passo, que é a seleção, depende totalmente da aptidão, depois o segundo passo é o cruzamento e o terceiro é a mutação, ambos ajudam a aumentar a exploração. O paradigma genérico consiste num conjunto de indivíduos; todos eles correspondem a um resultado específico na região de pesquisa. Todos os indivíduos do conjunto são analisados através da função de aptidão para gerar um valor que indica a eficiência do resultado. As figuras 4.1 e 4.2 mostram dois cromossomas que consistem em 3 máquinas e 9 tarefas atribuídas a três máquinas.

M1			M2`			M3		
J6	J4	J2	J1	J7	J8	J9	J3	J5

Figura 4.1 Cromossoma 1

M1			M2`			M3		
J8	J5	J3	J2	J9	J4	J6	J1	J7

Figura 4.2 Cromossoma 2

4.2.1.1 Seleção de pais para cruzamento

Se o makespan tiver sido determinado para vários cromossomas, deve ser tomada uma decisão sobre a seleção do torneio, a fim de encontrar os cromossomas com o valor necessário para o makespan. Após a seleção do cromossoma necessário, este ajuda no processo de cruzamento e mutação. Para resolver este problema, a dimensão do torneio tem de ter o valor dois. Para selecionar os dois cromossomas, foi implementado um procedimento aleatório e foi feita a comparação entre os valores de tempo de vida dos dois cromossomas. Foi selecionado o cromossoma que tem um valor baixo de makespan. Após esta seleção, o crossover é implementado.

4.2.1.2 Cruzamento

O Crossover pode ser descrito como um operador genético que ajuda a integrar dois cromossomas de forma a gerar um novo cromossoma. O novo cromossoma obtido deve ter atingido a melhor caraterística dos cromossomas dos seus progenitores. Existem diferentes técnicas que podem ser implementadas para realizar o crossover e as várias técnicas são explicadas de seguida:

- **One-Point Crossover** Este operador escolhe aleatoriamente o ponto de cruzamento quando os dois cromossomas se podem integrar e gerar o novo cromossoma. Tomemos um caso em que os dois cromossomas pais, como se mostra abaixo, foram selecionados para cruzamento. O símbolo "I" representa o ponto de cruzamento que foi selecionado aleatoriamente. Cromossoma parental número 1: 11001 | 010 e cromossoma parental número 2: 00100 | 111. Quando estes dois cromossomas são integrados no ponto de cruzamento selecionado aleatoriamente, resultam em novos cromossomas. Novo cromossoma númerol: 11001 | 111 e novo cromossoma número 2: 00100|010

- **Crossover de dois pontos** Neste tipo de crossover, os dois valores de crossover são escolhidos aleatoriamente e, em seguida, os cromossomas pais trocam as suas caraterísticas nestes dois pontos de crossover e resultam em dois novos cromossomas bebés. Tomemos um caso em que dois cromossomas pais são selecionados aleatoriamente. Os símbolos "|" representam os dois pontos de cruzamento selecionados aleatoriamente. Cromossoma pai número 1: 110 | 010 | 10 e cromossoma pai número 2: 001 | 001 | 11 Estes dois cromossomas pais trocam as suas caraterísticas nos pontos de cruzamento selecionados e o novo cromossoma obtido é o seguinte: novo cromossoma número 1: 110 | 001 | 10novo cromossoma número 2: 001 | 010 | 11 13

- **Uniforme** O operador de crossover foi utilizado para determinar a probabilidade de o cromossoma pai transferir as suas caraterísticas para o novo cromossoma. Por conseguinte, os dois cromossomas progenitores integram-se ao nível do gene, utilizando um ou dois pontos de cruzamento. Em vários casos, a flexibilidade extra prevalece sobre o problema associado à . Este problema é a destruição dos blocos de construção. Tomemos o caso em que os cromossomas de dois pais são integrados para gerar a descendência, a integração de dois pais ocorre em pontos de cruzamento selecionados aleatoriamente. Cromossoma parental número 1: 11001010 e cromossoma parental número 2: 00100111. Se o valor do rácio de mistura for 0,5, cerca de 50% dos genes provêm do progenitor 1 e os restantes do progenitor 2. O conjunto provável de novos cromossomas após o cruzamento uniforme é mostrado abaixo:

Offspring 1: $1_1 0_2\ 1_2\ 0_1 0_2\ 0_1\ 1_1\ 1_2$

Offspring 2: $0_2\ 1_1\ 0_1\ 0_2\ 1_1\ 1_2\ 1_2\ 0_1$

4.2.1.3 Mutação

O termo mutação pode ser descrito como um tipo de operador genético que ajuda a variar o valor dos genes do cromossoma a partir do estado inicial. Como resultado, o conjunto de genes terá um valor completamente novo para os genes; assim, o paradigma genético pode chegar a um ponto em que se podem obter resultados eficientes. Este é um segmento crítico e necessário na pesquisa genética. Com base na probabilidade de mutação definida pelos utilizadores, o processo de mutação tem lugar. Descrevem-se a seguir várias formas de executar o processo de mutação

- **Flip Bit:** Este tipo de operador de mutação apenas inverte o valor do gene selecionado que é de Otolor vice-versa.

- **Limite:** troca o valor do gene selecionado com o limite superior desse gene ou com o limite inferior desse gene.

- **Não uniforme:** aumenta a probabilidade de tornar o valor da mutação próximo de zero com o aumento do valor da geração.

- **Uniforme:** Este tipo de operador de mutação troca o valor do gene selecionado com o valor que se encontra entre o gene de limite superior e o gene de limite inferior que foi definido por o utilizador. Este tipo de operador de mutação pode ser implementado em genes de valor inteiro e de valor flutuante.

- **Gaussiano:** este é um tipo de operador de mutação que integra o valor distribuído Gaussiano que foi aleatoriamente com o gene selecionado. O valor de novidade do gene foi removido se estiver fora do limite do valor definido pelo utilizador para o gene de limite inferior e para o gene de limite superior.

4.2.2 Transição de estado

A terceira técnica utilizada no modelo proposto é a transição de estado para a ocultação de dados. A descrição generalizada deste algoritmo é explicada na secção seguinte.

É um modelo utilizado para a modelação analítica de decisões com base em computador. É a combinação da simulação de coorte do modelo de Markov e da simulação autónoma. Consiste no conceito de conjunto de estados e na transição correspondente a esses estados. O modelo de transição de estados é um modelo muito utilizado e popular entre os utilizadores no domínio da análise de decisões clínicas, etc. O modelo de transição de estados tem sido utilizado em várias aplicações, como no domínio médico, na indústria, etc. A ideia por detrás da utilização do modelo de transição de estados consiste em calcular o fator de risco incluído, analisar o sistema, diagnosticar o processo ou os procedimentos, programas de gestão, etc. Este trabalho apresenta a utilização do modelo de transição de estados na colocação de condensadores num sistema de barramento.

O diagrama ou modelo de transição de estados é utilizado para definir os sistemas dependentes do tempo. A ideia básica do modelo de transição de estados é que o comportamento do sistema deve ser o mesmo, independentemente do ambiente em que funciona. Os termos utilizados neste modelo são Estado e Transição.

O estado é o modo de comportamento observável ou a natureza do sistema. A condição de transição refere-se ao evento interno do sistema. A ação de transição refere-se à ação que é tomada em função dos acontecimentos. Consideremos um exemplo de um elevador em que existe um ascensor e em que apenas um andar pode ser solicitado de cada vez. Outro cenário no mesmo sistema é o facto de o elevador esperar no piso solicitado durante um determinado período de tempo; se alguém não entrar no elevador, este regressa ao rés do chão.

A imagem seguinte mostra o conceito de modelo de transição de estados. É descrito que existem 4 estados num modelo da seguinte forma:

1. Estado inicial
2. Estado de funcionamento
3. Estado de pausa
4. Parar ou abortar

O estado inicial refere-se ao estado de arranque em que o sistema está pronto para ser processado. O estado de execução refere-se ao facto de o sistema estar a ser processado. O estado de pausa ocorre quando o processo de alta prioridade ocorre entre o processo de qualquer outra tarefa. Este estado descreve o processo com estado de espera. O estado de paragem ou abortamento refere-se ao facto de o trabalho ter sido interrompido. O processo no estado de pausa pode ser retomado, mas o processo no estado de paragem não pode ser retomado.

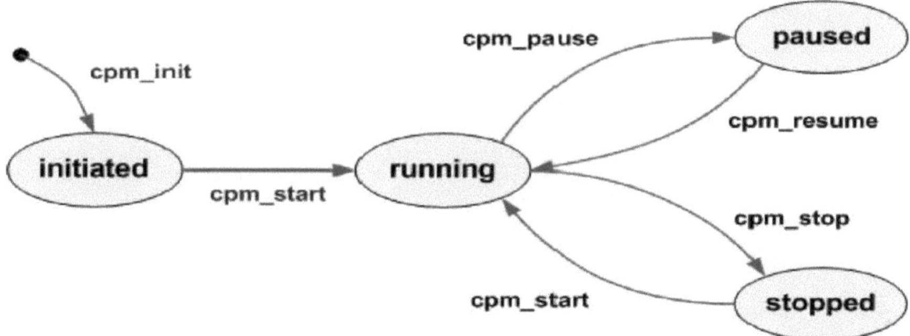

Figura 4.3. Modelo de transição de estado do Connection Power Manager (CPM)

4.2.2.1 Algoritmo para a transição de estados

1. Initialize feasible solution x_0, and set $k \leftarrow 0$
2. **Repeat**
3. $k \leftarrow k + 1$
4. Generate a Gaussian random number vector r
5. $x_{trail} \leftarrow x_{k-1} + r$
6. if $f(x_{trail}) < f(x_{k-1})$ **then**
7. $x_k \leftarrow x_{trail}$
8. **else**
9. $x_k \leftarrow x_{k-1}$
10. **end if**
11. **until** the specified termination criterion is met

O processo principal do algoritmo de transição de estados é apresentado no pseudocódigo abaixo:

1. **Repeat**
2. **If** $\alpha < \alpha_{min}$ **then**
3. $\alpha \leftarrow \alpha_{max}$
4. **end if**
5. Best ← expansion(funfcn, Best, SE, β, γ) % Expansion Transformation
6. Best ← rotation(funcfcn, Best, SE, α, β) % Rotation Transformation
7. Best ← axesion(funcfcn, Best, SE, β, δ) % AxesionTransformation
8. $\alpha \leftarrow \frac{\alpha}{fc}$
9. **Until** the specified termination criterion is met.

4.3 Metodologia

A metodologia do trabalho proposto é apresentada nos passos seguintes que são seguidos para obter os resultados.

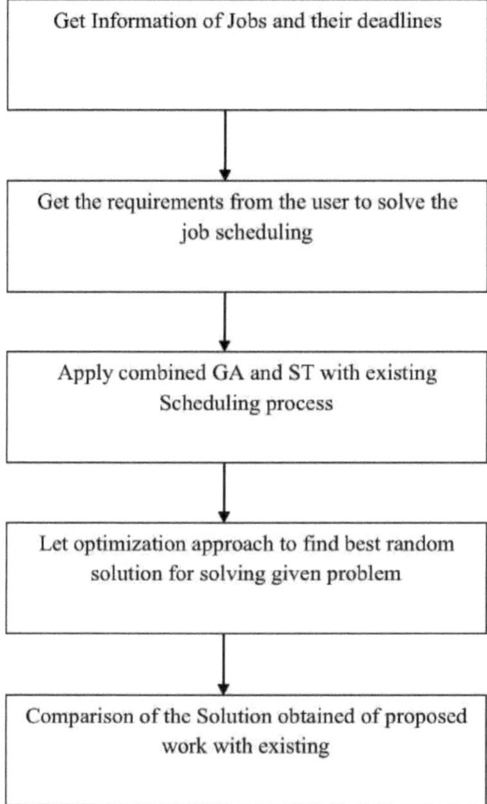

Figura 4.4 Enquadramento do trabalho proposto

1. Inicialmente, a informação relativa a cada trabalho é obtida com os respectivos prazos para identificar o tempo total de execução do trabalho.
2. Em segundo lugar, obter os requisitos do utilizador para resolver a programação de tarefas ou para inicializar cada processo com as tarefas correspondentes.
3. Aplicar agora o algoritmo proposto ao processo de programação efectuado através dos algoritmos existentes.
4. Nesta etapa, a técnica de otimização proposta procura a melhor solução aleatória para o problema em

questão e obtém a melhor solução.

5. Por último, comparar a solução obtida através do algoritmo proposto com a técnica tradicional, a fim de assegurar a eficácia da técnica proposta em relação à técnica tradicional.

4.3 Resumo

O trabalho proposto é explicado neste capítulo com a sua metodologia e as técnicas que estão envolvidas no método proposto. Cada técnica utilizada no trabalho proposto é brevemente mencionada neste capítulo.

CAPÍTULO 5

RESULTADOS E DISCUSSÃO

5.1 Plataforma de simulação

O MATLAB é um ambiente de computação com uma linguagem de alto nível, interpretada e dinamicamente tipada, que permite arquétipos funcionais, orientados para objectos e dirigidos a eventos. É relevante para cálculos aritméticos, especificamente cálculos que incluem aplicações matriciais e álgebra linear. O Matlab tem prestado um excelente apoio à visualização de dados e à sua sintaxe concisa e expressiva, bem como à multiplicidade de funções predefinidas que resultam num ambiente dinâmico excelente para a prototipagem rápida com um mínimo de despesas. No entanto, o Matlab não é apenas uma linguagem de script para cálculos rápidos e sujos. As versões mais recentes examinaram um aumento poderoso para o suporte de código de grande escala e altamente estruturado para rivalizar com linguagens como C++, Java e muitas outras. Se quiser o melhor dos dois mundos, o suporte integrado de Java do Matlab permite-lhe criar e manipular instâncias de classes Java diretamente nos seus programas Matlab. Também podemos chamar o código escrito em C, C++, Perl, FORTRAN, ou executar comandos do sistema dos ou Unix. Além disso, o código Matlab pode ser transportado para ser utilizado em programas Java, C, C++ e .Net, ou como uma operação autónoma, aliviando a sua principal privação - o facto de não ser gratuito. Sendo uma linguagem interpretada, algumas operações são mais lentas do que numa linguagem compilada, nomeadamente as que envolvem loops. Isso também melhorou nas versões mais recentes. No entanto, os loops podem ser vectorizados em muitos casos, resultando num código muito rápido que apela a operações compiladas de baixo nível e altamente avançadas da biblioteca do Matlab.

Quando as secções computacionalmente mais importantes do seu programa podem ser escritas desta forma, a agilidade do código Matlab rivaliza com a das linguagens compiladas. Finalmente, com a adição de vários kits de ferramentas, por exemplo, para Estatística, Bioinformática, Otimização, ou Processamento de Imagem, etc., o software Matlab pode ser alargado para requisitos mais especializados.

O MATLAB é uma linguagem de programação que trabalha com cálculos matemáticos e traz a facilidade do alto desempenho. Este ambiente é amplamente utilizado para a computação técnica. Incorpora facilidades distintas numa plataforma específica, como cálculos, programação, visualização, etc. Tem a sua própria estrutura de dados pré-integrada e dispositivos de edição e depuração. Também suporta os conceitos de OOP. É considerado como um ambiente ou plataforma desejável, fácil de ensinar, aprender e para fins de investigação.

Em comparação com as linguagens tradicionais, como o FORTRAN, o MATLAB é mais vantajoso. O Matlab oferece uma GUI mais interactiva, através da qual os utilizadores finais que não têm muitos conhecimentos sobre este software podem aceder-lhe facilmente. A matriz é o principal aspeto dos dados do Matlab, que não necessita de definir as dimensões. Este software foi disponibilizado ao utilizador final em 1984 e, até hoje, é utilizado por numerosas indústrias e investigadores de diversas universidades. Os comandos gráficos são suportados por ele, pelo que, utilizando alguns comandos básicos, é possível operá-lo facilmente.

5.2 Análise experimental

Nesta secção do relatório, os resultados são obtidos após a execução da técnica tradicional e da técnica proposta e os resultados obtidos são apresentados a seguir em termos de tempo médio de resposta. Para efeitos de simulação, foram utilizadas diferentes taxas médias de chegada, ou seja, 24, 26 e 28. As técnicas tradicionais utilizadas para efetuar comparações são as seguintes: "First Come First Serve", "Shortest Job First", 50% dos trabalhos foram executados através da FCFS e 50% através da Shortest Job First, 75% da FCFS e 25% da SJF, 10% através da FCFS e 10% através da SJF com a técnica proposta, ou seja, GA-ST.

5.2.1 FCFS-SJF (λ=24, 26 e 28)

A figura 5.1 mostra a comparação entre as diferentes técnicas no que respeita ao tempo médio de chegada 24. A comparação foi efectuada utilizando a técnica FCFS com SJF e a técnica GA-ST proposta no que respeita ao tempo médio de resposta.

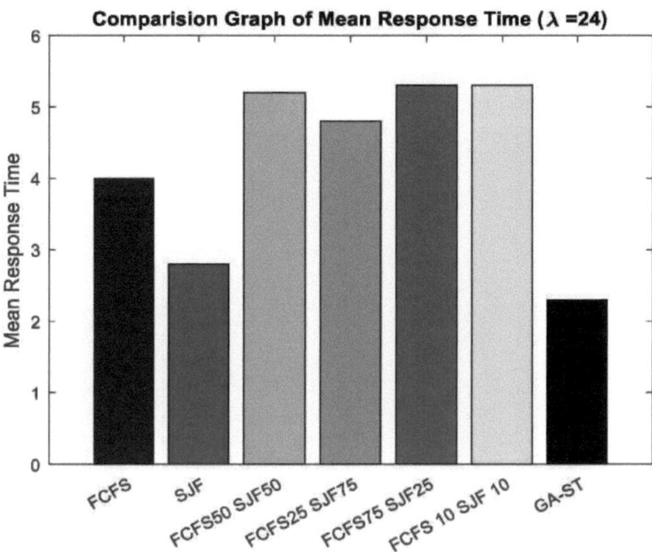

Figura 5.1 Comparação entre o método tradicional (FCFS-SJF) e o método proposto com 24 tempos médios de chegada

Em primeiro lugar, os trabalhos são efectuados utilizando a técnica FCFS, depois aplica-se a técnica SJF aos trabalhos e, em seguida, aplica-se a distribuição das diferentes técnicas em função do número de processos. A partir dos resultados, conclui-se que a FCFS completa a sua tarefa com um tempo de resposta de 4, enquanto a distribuição de diferentes técnicas, como FCFS50-SJF50, FCFS75-SJF25 e

FCFS10-SJF10 posicionado com o tempo de resposta mais elevado 5, o que não é adequado para a eficiência do sistema. Em alternativa, o GA-ST proposto demora menos tempo, ou seja, 2. Consequentemente, com a carga, ou seja, 24, a técnica proposta tem um desempenho superior.

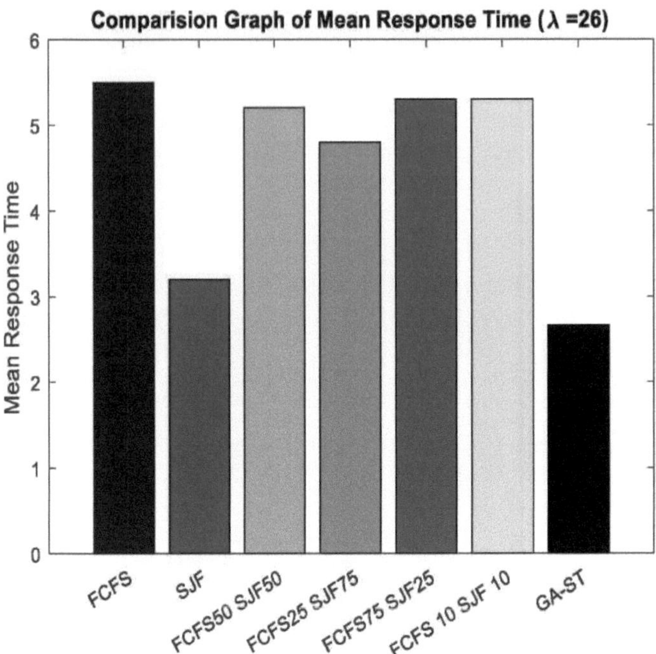

Figura 5.2 Comparação entre o método tradicional (FCFS-SJF) e o método proposto com 26 tempos médios de chegada

O gráfico 5.2 mostra a comparação entre diferentes técnicas tradicionais e a técnica proposta. A análise experimental é efectuada utilizando a carga 26 em função do tempo de resposta. A figura mostra que a técnica proposta tem um desempenho eficaz em comparação com as outras técnicas tradicionais. A técnica FCFS não funciona corretamente à medida que a carga aumenta, pelo que o seu desempenho diminui. Do mesmo modo, as outras técnicas proporcionais têm um desempenho ineficaz com um tempo de resposta máximo. No entanto, a técnica do trabalho mais curto primeiro tem um desempenho melhor do que as outras técnicas. No conjunto, a técnica GA-ST proposta destaca-se em termos de concorrência rápida de tarefas no sistema com 2,5 aprox.

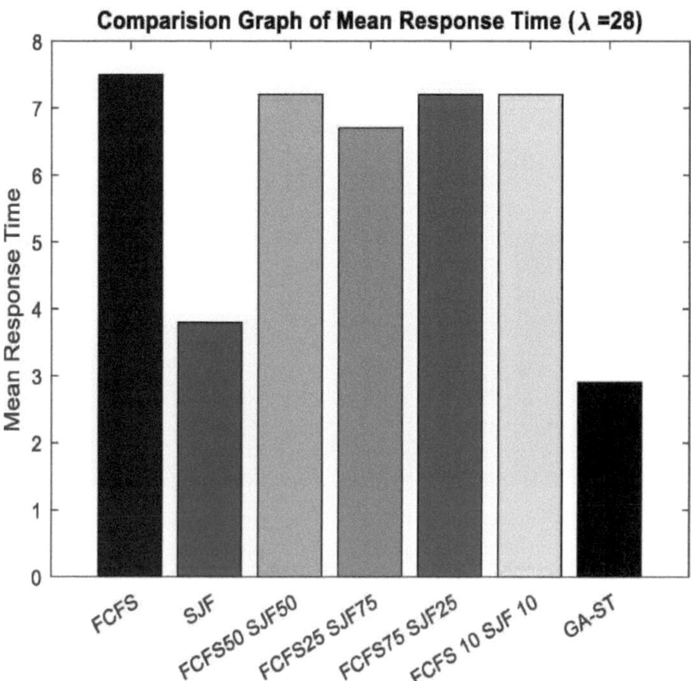

Figura 5.3 Comparação entre o método tradicional (FCFS-SJF) e o método proposto com 28 tempos médios de chegada

A figura 5.3 mostra os resultados obtidos com as técnicas tradicionais e com a técnica proposta. Entre todas as técnicas, a técnica proposta supera as outras técnicas tradicionais. A FCFS não tem um desempenho eficaz com o aumento da quantidade de carga no sistema. Todos os processos chegam a 28 no sistema. A técnica com menor tempo de resposta é considerada a mais correta e, a partir da figura, pode ver-se claramente que a combinação GA-ST tem o melhor desempenho e responde em menos tempo, ou seja, 2,5 aprox, apesar da carga no sistema.

5.2.2 FCFS-LJF (λ=24, 26 e 28)

Inicialmente, foi avaliada a colaboração entre a tarefa mais curta e a técnica "primeiro a chegar, primeiro a ser servido" para considerar o seu desempenho. Agora, o desempenho do FCFS com a técnica "Shortest job first" é avaliado com tempos de chegada variáveis, ou seja, 24, 26 e 28.

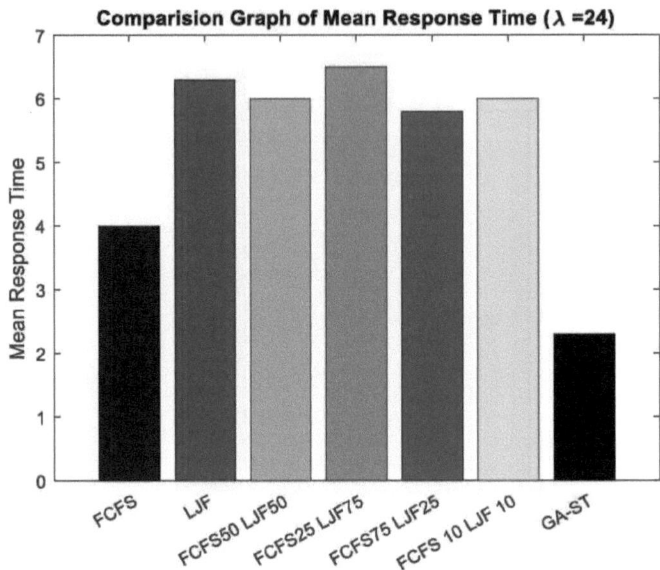

Figura 5.4 Comparação entre o método tradicional (FCFS-LJF) e o método proposto com 24 tempos médios de chegada

A figura 5.4 mostra o desempenho do FCFS, LJF, FCFS50-LJF50, FCFS75-LJF 25, FCFS10-LJF10 e a proposta GA-ST. O gráfico mostra que, de entre todas as técnicas, a FCFS avalia os resultados e responde em menos tempo, ou seja, 4, mas as outras técnicas com distribuição não têm um desempenho adequado e terminam o seu trabalho com o tempo mais elevado. Em alternativa, o GA-ST teve um melhor desempenho com um tempo de resposta menor, ou seja, 2.

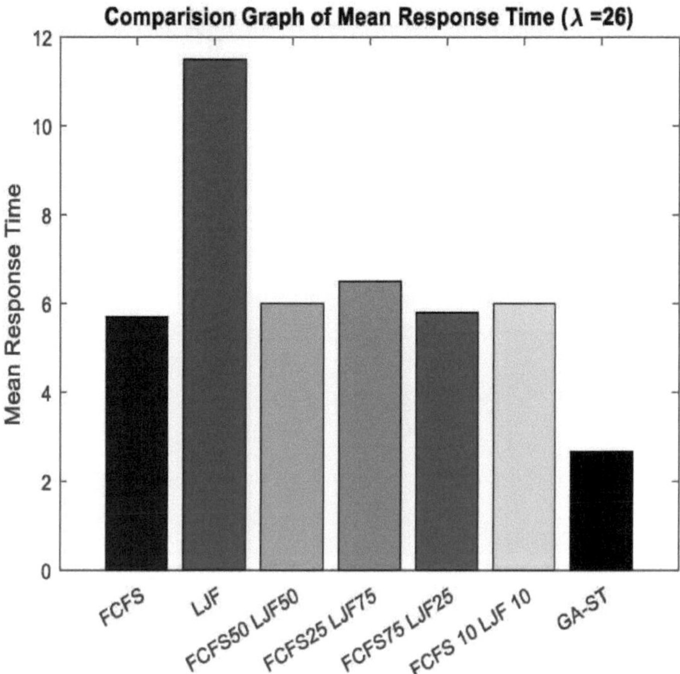

Figura 5.5 Comparação entre o método tradicional (FCFS-LJF) e o método proposto com 26 tempos médios de chegada

O gráfico 5.5 exemplifica os resultados obtidos com 26 tempos médios de chegada. Assim, os resultados são obtidos e apresentados na figura abaixo, concluindo que todas as técnicas, exceto a LJF, completam a sua tarefa em menos tempo de resposta, ou seja, abaixo de 6, pelo que a distribuição dos processos na FCFS e na LJF produz resultados notáveis, mas a proposta GA-ST tem um desempenho notável com um tempo de resposta de 2.

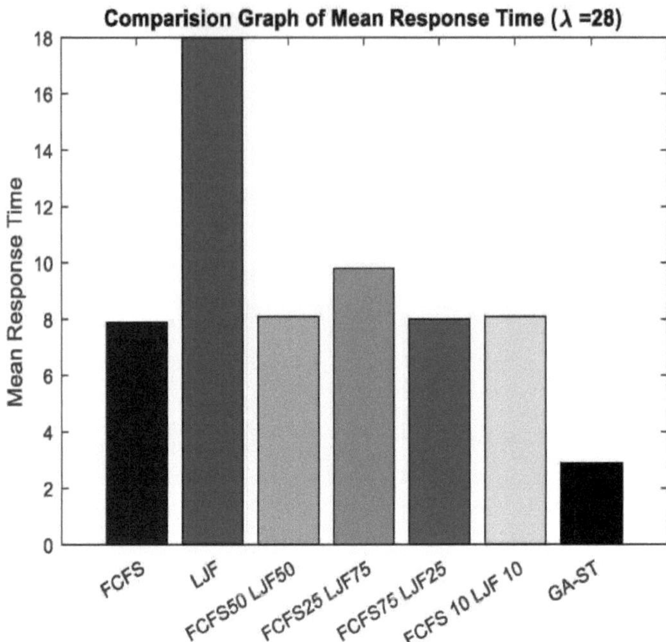

Figura 5.6 Comparação entre a técnica tradicional (FCFS-LJF) e a técnica proposta com 28 tempos médios de chegada A figura 5.6 avalia o seu desempenho com a carga de 28. A partir dos resultados obtidos, verifica-se que a técnica proposta supera todas as técnicas tradicionais com o menor tempo de resposta e de conclusão da tarefa.

A figura 5.7 mostra o desempenho das técnicas tradicionais e da técnica proposta com o tempo médio de chegada 24. A partir dos resultados obtidos, o GA-ST tem um melhor desempenho e responde em menos tempo em comparação com as outras técnicas, em que todas elas se mantêm estáveis no tempo de resposta de cerca de 1700, o que significa que as técnicas existentes não são eficientes para o sistema.

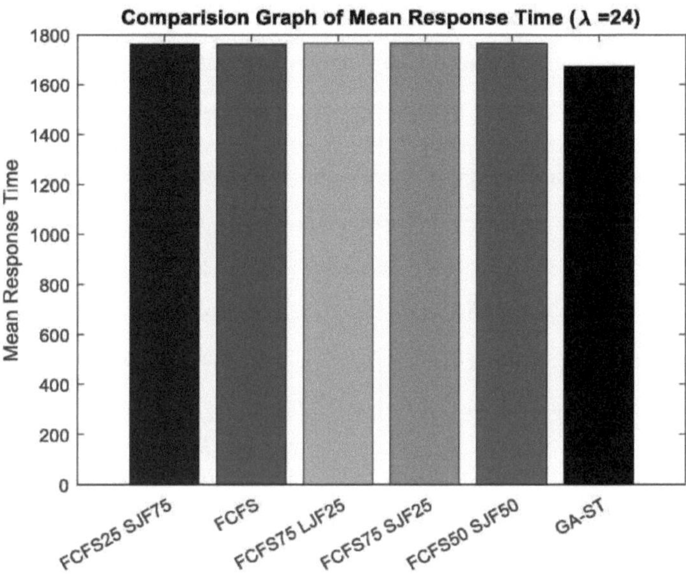

Figura 5.7 Comparação entre as técnicas tradicional e proposta com 24 tempos médios de chegada

5.3 Resumo

Esta secção do trabalho descreve os resultados obtidos após a realização de simulações com diferentes técnicas tradicionais e com a técnica proposta. E a partir dos resultados, mostrou-se que a técnica proposta supera a tradicional em termos de tempo de resposta. Entre as técnicas individuais, a técnica proposta tem um desempenho eficaz e completa a sua tarefa dentro da ranhura de trabalho com menos tempo de resposta.

CAPÍTULO 6

CONCLUSÃO E ÂMBITO FUTURO

6.1 Conclusão

Este trabalho estuda o desempenho de diferentes técnicas tradicionais que utilizam as políticas de distribuições iguais entre três algoritmos de escalonamento de tarefas, tais como First Come First Serve, Shortest Job First e Largest Job First. Estes algoritmos são combinados entre si utilizando uma distribuição igual ou desigual. Para efeitos de comparação, estes algoritmos são comparados com o algoritmo GA-ST proposto. Comparando duas políticas de trabalho, FCFS-SJF e FCFS-LJF, verificou-se que o SJF tem um melhor desempenho do que o LJF, uma vez que o tempo médio de repouso com o LJF varia entre 6 e 8, o que é bastante elevado e inadequado para o sistema. Outro fator que é considerado neste trabalho é que, com o aumento da carga, a variabilidade dos tempos de procura de serviço também aumenta. Entre todas as técnicas tradicionais, o SJF supera os outros métodos. Em alternativa, os métodos tradicionais foram comparados com a técnica GA-ST proposta e conclui-se que a técnica proposta tem um desempenho superior ao do SJF, produzindo também um tempo médio de resposta mais baixo, como era de esperar. Embora o SJF tenha um melhor desempenho, o método proposto tem um bom desempenho com uma elevada variabilidade da procura de serviços. Como a técnica proposta tem a capacidade de encontrar a melhor solução aleatória para resolver um determinado problema, funciona eficazmente com os algoritmos existentes de programação de tarefas. Além disso, é considerado o mais justo, uma vez que funciona tanto com trabalhos curtos como com trabalhos grandes em filas de espera. Além disso, verifica-se um ligeiro aumento do tempo médio de resposta em função do aumento da carga de trabalho λ. De um modo geral, o algoritmo de programação LJF tem o pior desempenho, não só sozinho, mas também com o FCFS combinado.

6.2 Âmbito futuro

O método proposto pode ser alargado com algoritmos de otimização recentes com um tempo de resposta mínimo. Além disso, os trabalhos que têm prazos difíceis podem ser considerados no futuro para produzir resultados mais eficientes.

Referências

[1] Kyriaki Skenteridou et al, "Job Scheduling in a Grid Cluster", IEEE, 2015

[2] Khushboo Yadav et al, "Job Scheduling in Grid Computing", International Journal of Computer Applications, Vol. 69, No.22, Pp. 13-16, May 2013

[3] Akshay A. Bhoyar et al, "Design and Implementation of Job Scheduling in Grid Environment over IPv6", International Journal of Computer Science and Mobile Computing, Vol. 4, No. 4, Pp. 243-250, April 2015

[4] Dipti Sharma et al, "Job Scheduling Algorithm for Computational Grid in Grid Computing Environment", International Journal of Advanced Research in Computer Science and Software Engineering, Vol. 3, No. 5, Pp. 735-743, May 2013

[5] Harshadkumar B. Prajapati et al, "Scheduling in Grid Computing Environment", IEEE, fevereiro de 2014

[6] Rizos SAKELLARIOU et al, "Job Scheduling on the Grid: Towards SLA-Based Scheduling", High Performance Computing Workshop, Pp. 207-222, 2006.

[7] G. Jaspher W. Kathrine et al, "Job Scheduling Algorithms in Grid Computing - Survey", International Journal of Engineering Research & Technology (IJERT), Vol. 1, No. 7, Pp. 1-5, setembro de 2012

[8] M. Balajee et al, "Premptive Job Scheduling with Priorities and Starvation cum Congestion Avoidance in Clusters", Machine Learning and Computing (ICMLC), 2010 Second International Conference on, fevereiro de 2010

[9] Jorge Manuel Gomes Barbosa et al, "Dynamic Job Scheduling on Heterogeneous Clusters", Parallel and Distributed Computing, 2009. ISPDC '09. Oitavo Simpósio Internacional sobre, julho 2009

[10] Mohit Chawlaet al, "Attitudinal data based server job scheduling using genetic algorithms: Planeamento de tarefas centrado no cliente para servidores de thread único", Contemporary Computação (IC3), 2016 Nona Conferência Internacional sobre, agosto de 2016

[11] Pritom Kumar Mondal et al, "An approach to develop an effective job rotation schedule by using genetic algorithm", Electrical Information and Communication Technology (EICT), 2013 International Conference on, February 2014

[12] Budtree Limwanich et al, "Efficiency improvement of job scheduling by using Genetic Algorithm: A case study in electronic industry", Industrial Engineering and Engineering Management (IEEM), 2011 IEEE International Conference on, December 2011

[13] Shih-Pang Tseng et al, "Job shop scheduling based on ACO with a hybrid solution construction strategy", Fuzzy Systems (FUZZ), 2011 IEEE International Conference on, September 2011

[14] Hazem Mohammad Al-Najjar et al, "A survey of job scheduling algorithms in distributed environment", Control System, Computing and Engineering (ICCSCE), 2016 6th IEEE International Conference on, November 2016

[15] Mehdi Effatparvar et al, "Swarm Intelligence Algorithm for Job Scheduling in Computational Grid", Intelligent Systems, Modelling and Simulation (ISMS), 2016 7th International Conference on, January 2016

[16] Pratibha Pandey et al, "Job scheduling techniques in cloud environment: A survey", Green Engineering and Technologies (IC-GET), 2016 Online International Conference on, novembro de 2016

[17] Gholamali Rahnavard et al, "Parallel Greedy Genetic Algorithm for Job Scheduling in Cluster Enviomments", Cluster Computing (CLUSTER), 2011 IEEE Conferência Internacional sobre, setembro de 2011

[18] Yichao Yang et al, "Heuristic Scheduling Algorithms for Allocation of Virtualized Network and Computing Resources", Journal of Software Engineering and Applications, Vol. 6, pp. 1-13, janeiro de 2013

[19] Jing Mei et al, "A resource-aware scheduling algorithm with reduced task duplication on heterogeneous computing systems", The Journal of Supercomputing, Vol. 68, Pp. 1347-1377, 2014

[20] Suraj Pandey et al, "A Particle Swarm Optimization-based Heuristic for Scheduling Workflow Applications in Cloud Computing Environments", 2010 24th IEEE International Conference on Advanced Information Networking and Applications, Pp.400-407, 2010

[21] Ruay-Shiung Chang et al, "An ant algorithm for balanced job scheduling in grids", Future Generation Computer Systems, Vol. 25, Pp. 20-27, 2009

[22] Reetika Grover et al, "Bio-inspired optimization techniques forjob scheduling in grid computing", Recent Trends in Electronics, Information & Communication Technology (RTEICT), IEEE International Conference on, May 2016

[23] Ronakkumar R. Patel et al, "Scheduling of Jobs based on Hungarian method in cloud computing", Inventive Communication and Computational Technologies (ICICCT), 2017 International Conference on, March 2017

[24] Ehab Mohamed et al, "Hadoop-MapReduce Job Scheduling Algorithms Survey", Cloud Computing and Big Data (CCBD), 2016 7th International Conference on, November 2016

[25] Sina Mahmoodi Khorandi et al, "Reduzir o desequilíbrio de carga dos clusters virtuais através da reconfiguração e do agendamento adaptativo de tarefas", Cluster, Cloud and Grid Computing (CCGRID), 2017 17th IEEE/ACM International Symposium on, maio de 2017

[26] Jie Wang et al, "The design and realization of cluster job power scheduling strategy based on genetic algorithm", Intelligent Control and Information Processing (ICICIP), 2012 Third International Conference on, July 2012

[27] Songqing Chen et al, "Adaptive and virtual reconfigurations for effective dynamic job scheduling in cluster systems", Distributed Computing Systems, 2002. Actas. 22ª Conferência Internacional sobre, julho de 2002

[28] Reza Fotohi et al, "A Cluster Based Job Scheduling Algorithm for Grid Computing", I.J. Information Technology and Computer Science, Vol. 12, Pp. 70-77, 2013

[29] Vinay Harsora et al, "A Modified Genetic Algorithm for Process Scheduling in Distributed System", International Journal of Computer Applications, Pp. 36-40.

Printed by Books on Demand GmbH, Norderstedt / Germany